电动汽车
电池、电机与电动控制

瑞佩尔　主编

化学工业出版社
·北京·

内容简介

本书从基础原理、结构与功能到具体车型应用分析，浅显而直观地介绍了电动汽车上所应用的电池、电机及电控技术。具体内容包括电动汽车概述；电池的基本结构与原理及特性；各类电池，包括三元锂电池、铁锂电池、镍氢电池、铅酸与氢燃料电池的实车应用；高压电池电控技术；电磁电力学与电机的基本知识；同步及异步电机在电动汽车上典型应用；电力电子功率器件的基本原理与车型应用；电机传动系统的常见形式与原理；电驱动控制系统的类型与原理；电动汽车整车控制系统及车载网络总线的组成与功能。

本书结合汽车厂商如宝马、奥迪、特斯拉、比亚迪等品牌在电动汽车三电系统上的技术成果，以全彩图解的形式，生动形象地诠释了电动汽车电池、电机与电控的种种形式以及运行原理，且以具体车型的应用实例介绍了电动汽车核心技术产品的结构及原理。

该书采用全彩图解加视频演示的方式编述内容，使之轻松易读，简洁易懂。可作为各汽车院校新能源专业辅助教材选用，也可作为新能源汽车领域从业人员及广大新能源汽车车主的自学入门读物。

图书在版编目（CIP）数据

电动汽车电池、电机与电动控制/瑞佩尔主编. —北京：
化学工业出版社，2022.1
ISBN 978-7-122-40069-7

Ⅰ.①电… Ⅱ.①瑞… Ⅲ.①电动汽车-蓄电池②电动汽车-电机③电动汽车-控制系统　Ⅳ.①U469.720.3

中国版本图书馆CIP数据核字（2021）第208670号

责任编辑：周　红　　　　　　　　　　　文字编辑：温潇潇
责任校对：宋　夏　　　　　　　　　　　装帧设计：刘丽华

出版发行：化学工业出版社（北京市东城区青年湖南街13号　邮政编码100011）
印　　装：北京新华印刷有限公司
787mm×1092mm　1/16　印张15¾　字数363千字　2022年4月北京第1版第1次印刷

购书咨询：010-64518888　　　　　　　　售后服务：010-64518899
网　　址：http://www.cip.com.cn
凡购买本书，如有缺损质量问题，本社销售中心负责调换。

定　　价：108.00元　　　　　　　　　　　　　　　　　　　版权所有　违者必究

前言

电动汽车的电池、电机及电控这三大部分即为常称的"三电系统"或"三电"技术。三电系统是电动汽车区别于传统燃油车最核心的技术,是作为替代燃油车发动机系统而诞生的动力系统。

一般而言,我们将高压电池(有别于燃油车上的12V低压电池)称为动力电池,其作用和传统燃油车的油箱类似,是电动汽车的能量来源。动力电池系统通常由电芯、电池组、电池管理系统、充电系统、配电系统、冷却系统、高低压线束、保护外壳和其他结构件构成。电池的关键在电芯,电芯最重要的材料便是正负极、隔膜、电解液。正极材料广为人知的有磷酸铁锂、钴酸锂、锰酸锂、三元、高镍三元等。

电机由定子、转子、壳体三部分组成,电机技术的关键点在定子、转子。逆变器是把直流电转变成交流电的设备,目前国内外电动车的传动机构大多是单机减速,即没有离合,没有变速。电机、逆变器和传动机构这三大部件就构成了电动汽车的电驱系统。

电动汽车的电控系统则包括了电池管理系统(BMS)、电子动力驱动单元(PDU)及车辆控制器(VCU)等全车各个核心总成的控制及管理模块。BMS是电动汽车电池系统正常工作、提高电池寿命并保证新能源汽车安全的关键技术。PDU是电动汽车特有的电子单元,是电机的大脑。它在接收到VCU的车辆行驶控制指令后,及时控制电机输出指定的转矩和转速,驱动车辆行驶,实现把动力电池的直流电能转换为所需的高压交流电并驱动电机本体输出机械能。VCU是电动汽车的大脑,它通过对来自油门、刹车踏板、挡位等位置的信息分析判断驾驶员的意图。VCU还检测车辆的速度、温度、电量、电压等信息,并根据车辆各项参数向车身的动力系统、电池系统等发送控制指令,指挥车辆行驶。

如果是混动汽车，则装备混合动力控制器（HCU）。HCU是混合动力汽车进行能量管理和转矩协调的中心，对于混合动力车辆的正常行驶、起步控制、离合器控制、行星齿轮控制、驾驶员交互、制动能量回收、网络管理、热管理、故障诊断、车辆状态监控与显示、超速保护等起关键作用，是混合动力汽车控制系统的核心部件。

本书结合上面论及的"三电系统"，从基础原理、结构与功能到具体车型应用分析，浅显而直观地介绍了电动汽车上所应用的电池、电机及电控技术。具体内容划分为十章：第1章概述了电动汽车的定义、类型及发展和三电核心技术与产品现状及趋势；第2章讲述了电池的基本结构与原理及各种类型动力电池的特性；第3章就三元锂电池、铁锂电池、镍氢电池、铅酸电池与氢燃料电池的实车应用，讲述其结构特点、技术参数与工作原理；第4章讲解高压电池电控技术，即高压分配、电池管理、充放电控制、温度管理、高压安全等方面的技术原理；第5章介绍电磁电力学与电机的基本知识；第6章介绍同步及异步电机在电动汽车上的典型应用实例；第7章介绍电力电子功率器件的基本原理与车型应用；第8章讲解电机传动系统的常见形式与原理；第9章介绍电驱动控制系统的类型与原理；第10章讲解电动汽车整车控制系统及车载网络总线的组成与功能。

本书结合汽车厂商如宝马、奥迪、特斯拉、比亚迪等品牌在电动汽车三电系统上的技术成果，以全彩图解的形式，生动形象地诠释了电动汽车电池、电机与电控的种种形式以及运行原理，且以具体车型的应用实例介绍了电动汽车核心技术产品的结构及原理。

本书由瑞佩尔主编，此外参加编写的人员还有朱其谦、杨刚伟、吴龙、张祖良、汤耀宗、赵炎、陈金国、刘艳春、徐红玮、张志华、冯宇、赵太贵、宋兆杰、陈学清、邱晓龙、朱如盛、周金洪、刘滨、陈棋、孙丽佳、周方、彭斌、王坤、章军旗、满亚林、彭启凤、李丽娟、徐银泉。在编写过程中，参考了大量国内外相关文献和网络信息资料，在此，谨向这些资料信息的原创者们表示由衷的感谢！

　　囿于编者水平及成书匆促，书中疏漏在所难免，还请广大读者朋友及业内专家多多指正。

编者

目录

第1章 电动汽车及其核心 / 001

1.1 电动汽车概述 / 002

1.2 电动汽车的核心 / 007

1.2.1 电动汽车的核心技术 / 007

1.2.2 电动汽车核心技术现状 / 008

1.2.3 电动汽车核心产品趋势 / 012

第2章 高压电池基本知识 / 015

2.1 电池结构与原理 / 016

2.1.1 电池基本结构 / 016

2.1.2 电池基本原理 / 016

2.2 电池的特性 / 018

2.2.1 三元锂电池 / 018

2.2.2 铁锂电池 / 020

2.2.3 铅酸电池 / 028

2.3 电池常见类型 / 033

2.3.1 铅酸电池 / 033

2.3.2 镍镉电池 / 034

2.3.3 镍氢混合高压电池 / 034

2.3.4 锂离子电池 / 035

2.3.5 氢燃料电池 / 036

2.3.6 双层电容器 / 037

第3章　高压电池常见类型结构　/ 039

3.1　三元锂电池模块结构　/ 040

3.1.1　特斯拉 MODEL S　/ 040

3.1.2　奥迪 e-tron　/ 041

3.1.3　宝马 i3　/ 043

3.1.4　宝马 i8　/ 045

3.1.5　宝马 ActiveHybrid 7　/ 046

3.1.6　宝马 530Le　/ 048

3.1.7　奔驰 S400 Hybrid　/ 049

3.1.8　蔚来 ES6　/ 050

3.1.9　江淮 iEV6/iEV7　/ 052

3.1.10　比亚迪汉 DM　/ 053

3.2　磷酸铁锂电池模块结构　/ 055

3.2.1　比亚迪汉 EV　/ 055

3.2.2　比亚迪秦 EV300、E5　/ 059

3.3　镍氢电池模块结构　/ 062

3.3.1　丰田普锐斯　/ 062

3.3.2　别克君越 eAssist　/ 063

3.3.3　凯迪拉克凯雷德 Hybrid　/ 065

3.3.4　宝马 ActiveHybrid X6　/ 066

3.4　铅酸电池模块结构　/ 069

3.4.1　电池单元　/ 069

3.4.2　免维护铅酸电池类型　/ 072

3.5　氢燃料电池模块结构　/ 073

3.5.1　奥迪 A7 h-tron　/ 073

3.5.2　丰田 Mirai　/ 074

3.5.3　现代 ix35 FCEV　/ 075

第4章 高压电池电控技术 / 087

4.1 高压分配系统 / 088

4.1.1 特斯拉 MODEL S / 088

4.1.2 奥迪 e-tron / 090

4.1.3 比亚迪汉 DM / 091

4.1.4 宝马 ActiveHybrid 7 / 094

4.1.5 宝马 ActiveHybrid X6 / 094

4.2 电池管理系统 / 098

4.2.1 奥迪 e-tron / 098

4.2.2 宝马 i3 / 100

4.2.3 宝马 X5 xDrive40e / 103

4.3 充放电控制系统 / 106

4.3.1 特斯拉 MODEL S / 106

4.3.2 奥迪 e-tron / 113

4.3.3 江淮 iEV6/iEV7 / 116

4.4 电池温度管理系统 / 119

4.4.1 特斯拉 MODEL S / 119

4.4.2 奥迪 e-tron / 121

4.4.3 宝马 ActiveHybrid 7 / 125

4.4.4 宝马 X5 xDrive40e / 127

4.4.5 奔驰 S400 HEV / 132

4.5 高压安全管理 / 133

4.5.1 宝马 ActiveHybrid 7 / 133

4.5.2 宝马 ActiveHybrid X6 / 134

4.5.3 宝马 X5 xDrive40e / 135

第5章　驱动电机基本知识　/ 137

5.1　电磁电力学原理　/ 138

5.1.1　电磁铁　/ 138

5.1.2　电磁感应　/ 139

5.1.3　变压器　/ 139

5.2　电机基本结构　/ 140

5.2.1　直流电机　/ 141

5.2.2　三相电机　/ 143

5.2.3　同步电机　/ 145

5.2.4　异步电机　/ 147

第6章　驱动电机典型构造　/ 151

6.1　异步电机　/ 152

6.1.1　特斯拉MODEL S　/ 152

6.1.2　奥迪e-tron　/ 155

6.2　同步电机　/ 156

6.2.1　宝马i3　/ 156

6.2.2　宝马ActiveHybrid 7　/ 158

6.2.3　宝马ActiveHybrid X6　/ 160

6.2.4　宝马X5 xDrive40e　/ 161

6.2.5　奔驰S400 HEV　/ 164

第 7 章　电力电子功率器件　/ 167

7.1　常用电子功率器件　/ 168
7.1.1　供电电子装置　/ 168
7.1.2　电动机械式接触器　/ 174
7.1.3　绝缘栅双极型晶体管（IGBT）　/ 174

7.2　电动驱动装置　/ 177
7.2.1　宝马 i3　/ 177
7.2.2　宝马 ActiveHybrid 7　/ 180
7.2.3　宝马 X5 xDrive40e　/ 181

第 8 章　电机传动系统　/ 185

8.1　行星齿轮式典型构造　/ 186
8.1.1　行星齿轮箱　/ 186
8.1.2　奥迪 e-tron 单速齿轮箱　/ 188
8.1.3　丰田混合动力驱动桥　/ 191
8.1.4　宝马双模式变速箱　/ 193

8.2　直接齿轮传动系统　/ 200
8.2.1　特斯拉单速齿轮变速箱　/ 200
8.2.2　大众 0CZ 1 挡齿轮变速箱　/ 201
8.2.3　宝马 i3 变速箱　/ 202
8.2.4　本田 ECVT 无级变速箱　/ 204

第9章 电驱动控制系统　/209

9.1　驱动类型控制　/210

9.1.1　奥迪 e-tron 模式　/210

9.1.2　宝马电动四驱　/212

9.2　能量转换控制　/217

9.2.1　奥迪 e-tron　/217

9.2.2　宝马 i3　/218

第10章 电动汽车整车电控系统　/223

10.1　整车控制系统组成与功能　/224

10.1.1　车辆控制器（VCU）　/224

10.1.2　混动控制器（HCU）　/225

10.1.3　车身控制器（BCM）　/226

10.2　制动能量回收系统　/228

10.2.1　纯电动汽车制动能量回收　/228

10.2.2　混动汽车制动能量回收　/230

10.3　车载通信网络　/234

10.3.1　纯电动车型网络总线　/234

10.3.2　混动车型总线网络　/237

第1章
电动汽车及其核心

EV BATTERY/MOTOR AND ELECTRIC CONTROL

1.1　电动汽车概述
1.2　电动汽车的核心

1.1 电动汽车概述

广义上的电动汽车包括纯电动汽车（BEV）、插电混合动力汽车（PHEV）、油电混合动力汽车（HEV）、燃料电池汽车（FCEV）。狭义上则指单纯由电动机驱动的汽车。本书内容涉及的对象即为广义上的电动汽车。

相对燃油汽车三大件"发动机、变速器、底盘"而言，纯电动汽车的三大件则是"电池、电机、电控"，如图1-1所示为特斯拉MODEL 3车型高压部件分布。相对于加油站而言，它使用公用超级充电站或快换（电池）站。纯电动汽车的品质差异取决于这三大部件，其价格高低也取决于这三大部件的品质。目前知名电动汽车品牌国外有美国的"特斯拉"，国内有"蔚来"、"小鹏"及"威马"等，这些都是只生产纯电动汽车的汽车厂商。

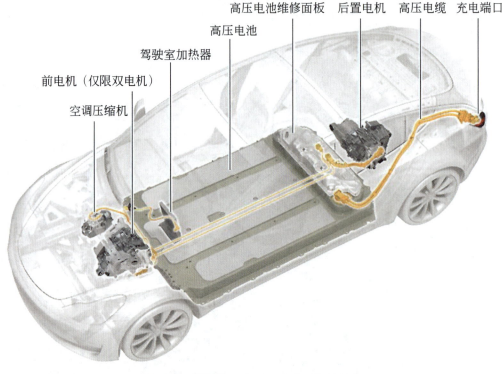

图1-1 特斯拉MODEL 3高压部件分布

插电混合动力汽车（Plug-in Hybrid Electric Vehicle，简称PHEV），是介于纯电动汽车与燃油汽车两者之间的一种新能源汽车，既有传统汽车的发动机、变速器、传动系统、油路、油箱，也有纯电动汽车的电池、电动机、控制电路，而且电池容量比较大，有充电接口。它综合了纯电动汽车（BEV）和油电混合动力汽车（HEV）的优点，既可实现纯电动、零排放行驶，也能通过混合动力模式增加车辆的续航里程。

在新能源汽车发展的初期阶段，为缓解用户的里程焦虑，兼顾燃油车的优点，目前传统汽车厂商所开发出来的新能源汽车不少都属于这种类型，如图1-2所示为比亚迪所制造的DM车型。

图1-2　比亚迪DM（双模）插电混合动力车型

混合动力（Hybrid）（简称混动）汽车是指使用两种或两种以上能源作为驱动力的车辆，而这些能源可能来自发动机、电动机、氢能源以及燃料电池等。目前市面上我们所能见到的混动汽车大多数采用发动机和电动机的组合方式作为驱动力，能源来自汽油和电池，这种油电混合的车辆可以简称为HEV（Hybrid Electric Vehicle）。如图1-3所示为丰田普锐斯（PRIUS）第一代车型，该车是全球最早量产的油电混合动力汽车。混动汽车比传统的发动机汽车更加省油，燃油效率和经济性更高，电动机还可以在必要时对发动机进行辅助。

图1-3　丰田普锐斯第一代车型

根据混合动力驱动模式，混合动力系统主要分为以下三类。

(1) **串联式混合动力系统**

串联式混合动力汽车也称为"增程式"电动汽车，简称REEV（Range Extend Electric Vehicle）。2009年上市的Fisker Karma、2011年开始销售的雪佛兰Volt、2014年投放市场的增程式宝马i3、2017年国内登场的别克Velite 5以及2020年上市的大型七座SUV理想ONE（图1-4），都是增程式电动汽车。串联式混合动力系统由发动机、发电机和电动机三部分动力总成组成，它们之间用串联方式组成串联式混合动力汽车动力单元系统，发动机驱动发电机发电，电能通过控制器输送到电池或电动机，由电动机通过变速机构驱动汽车。

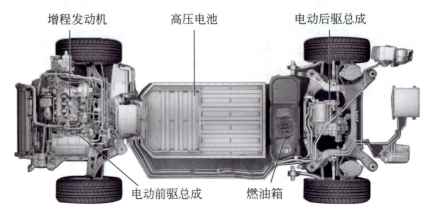

图1-4 理想ONE增程式电动汽车总成分布

(2) **并联式混合动力系统**

并联式混合动力系统有两套驱动系统：传统的发动机系统和电机驱动系统。两个系统既可以同时协调工作，也可以各自单独工作驱动汽车。这种系统适用于多种不同的行驶工况，尤其适用于复杂的路况。该连接方式结构简单，成本低。如图1-5所示为奔驰的S400h并联式混合动力汽车。

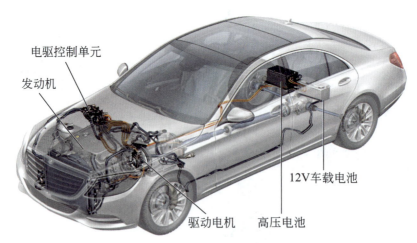

图1-5 奔驰S400h并联式混合动力汽车

(3) 混联式混合动力系统

混联式混合动力系统的特点在于发动机系统和电机驱动系统各有一套机械变速机构，两套机构或通过齿轮系或采用行星轮式结构结合在一起，从而综合调节发动机与电动机之间的转速关系。与并联式混合动力系统相比，混联式混合动力系统可以更加灵活地根据工况来调节发动机的功率输出和电机的运转。此连接方式系统复杂，成本高。丰田、本田、日产等车企生产的混合动力车型都属于此类，如图1-6所示为本田雅阁混联式混动车型。

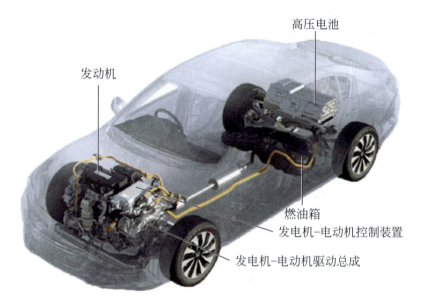

图1-6　本田雅阁混联式混动汽车

根据在混合动力系统中，电机的输出功率在整个系统输出功率中占的比重，也就是常说的混合度不同，混合动力系统还可以分为以下四类。

(1) 微混合动力系统（Micro Hybrid）

这种混合动力系统在传统发动机上的启动电机（一般为12V）上加装了带驱动启动电机。该电机为发电启动一体式电动机，用来控制发动机的启动和停止，从而取消了发动机的怠速，降低了油耗和排放。从严格意义上来讲，这种微混合动力系统的汽车不属于真正的混合动力汽车，因为它的电机并没有为汽车行驶提供持续的动力。在微混合动力系统中，电机的电压通常有两种：12V和42V。其中42V主要用于柴油混合动力系统。

梅赛德斯-奔驰旗下的Smart开发了一套名为"mhd"（Micro Hybrid Drive）的怠速熄火系统，该系统由带驱动的启动发电机取代了传统的起动机和发电机。这台发电机为车载电力系统供电的同时，还能快速启动车辆的汽油引擎，目前已应用在Smart Fortwo mhd车型上，见图1-7。

图1-7　微混动力车型
（奔驰Smart Fortwo mhd）

（2）轻混合动力系统

该混合动力系统采用了集成启动电机。与微混合动力系统相比，轻混合动力系统除了能够实现用发电机控制发动机的启动和停止，还能够在减速和制动工况下，对部分能量进行吸收。在行驶过程中，发动机等速运转，发动机产生的能量可以在车轮的驱动需求和发电机的充电需求之间进行调节。

轻混合动力系统的混合度一般在20%以下。轻混合动力车型有通用的ECO-Hybrid、本田的IMA、奔驰S400 HYBRID和宝马F04\F10 ActiveHybrid，见图1-8。

图1-8　轻混合动力车型（宝马ActiveHybrid 7）

（3）中混合动力系统

中混合动力系统（Mild Hybrid）指车辆在传统汽车基础上增加了一些混合动力硬件，从结构上来说也可称之为并联式油电混合系统（Parallel Hybrid）。中混合动力汽车无法完全脱离发动机的驱动而完全依靠电力驱动。

该混合动力系统同样采用了集成启动电机。与轻混合动力系统不同，中混合动力系统采用的是高压电机。另外，中混合动力系统还增加了一个功能：在汽车处于加速或者大负荷工况时，电机能够辅助驱动车轮，从而弥补发动机本身动力输出的不足，更好地提高整车的性能。这种系统的混合程度较高，可以达到30%，目前技术已经成熟，应用广泛。采用中混合动力系统的车型包括本田思域混动版（见图1-9）、本田Insight、CR-Z、飞度混动版等。

图1-9　中混合动力车型（本田思域HEV车型）

（4）全混合动力系统

该系统采用了高压启动电机，混合程度更高。与中混合动力系统相比，全混合动力系统的混合度可以达到甚至超过50%。全混合动力系统将逐渐成为混合动力技术的主要发展方向。

全混（Full Hybrid）也称强混（Strong Hybrid），指车辆可以只依靠发动机、只依靠电池或同时依靠发动机和电池来驱动车辆前进，结构上也可称为混联式系统（Power-Split Hybrid）。此类车型一般通过电脑控制的传动装置切换传统发动机、电池或同时驱动车辆的时机。混动汽车里大名鼎鼎的新一代丰田普锐斯就采用该系统，丰田称之为"双擎"技术（Hybrid Synergy Drive）。比普锐斯后出但却颇受欢迎的雷克萨斯CT200H也采用了全混动的方式，该车在纯电动模式下可以行驶2km，并可以在日常行驶中切换于发动机和电动机之间。丰田第七代凯美瑞混动版、丰田卡罗拉-雷凌混动版（见图1-10），以及雷克萨斯ES300H、NX300H等车型都装备了该系统。

图1-10 强混车型（丰田卡罗拉-雷凌双擎车型）

FCEV是英文Fuel Cell Electric Vehicle的简写，中文就是燃料电池电动汽车的意思。如图1-11所示为本田燃料电池汽车2008款CLARITY。

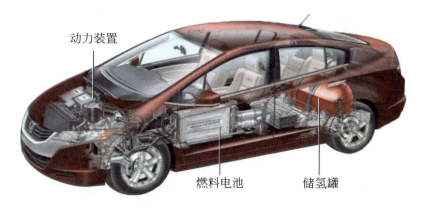

图1-11 本田燃料电池汽车2008款CLARITY

燃料电池汽车所携带的燃料电池并不是储能电池，也不是燃烧氢气的设备，而是一种发电装置。它根据电解水的逆反应原理，将车载高压储氢罐中储存的氢气与空气中的氧气结合产生电流，除了纯净水以外，没有其他废弃物产生。氢气的能量密度很高，差不多是汽油和天然气的3倍；氢气在使用环节中具有零排放的特性；氢气的低温适应性非常好，能在-30℃条件下正常使用；加氢站加氢速度非常快，可实现即停即走，能与燃油车加油速度相媲美，还有转化效率高、环保性能好和低噪声的特点。

1.2 电动汽车的核心

1.2.1 电动汽车的核心技术

电池是电动汽车的动力源泉，也是一直制约电动汽车发展的关键因素。电动汽车用电池的主要性能指标是比能量（E）、能量密度（Ed）、比功率（P）、循环寿命（L）和成本

（C）等。要使电动汽车能与燃油汽车相竞争，关键就是要开发出比能量高、比功率大、使用寿命长的高效电池。

到目前为止，电动汽车用电池经过了三代的发展，已取得了突破性的进展。第一代是铅酸电池，主要是阀控铅酸电池（VRLA），其比能量较高、价格低，能高倍率放电，是唯一能大批量生产的电动汽车用电池。第二代是碱性电池，其比能量和比功率都比铅酸电池高，因此大大提高了电动汽车的动力性能和续航里程，但其价格比铅酸电池高。第三代是以燃料电池为主的电池。燃料电池直接将燃料的化学能转变为电能，能量转化效率高，比能量和比功率都高，并且可以控制反应过程，能量转化过程可以连续进行，因此是理想的汽车用电池。

电动机与驱动系统是电动汽车的关键部件，要使电动汽车有良好的使用性能，驱动电机应具有调速范围宽、转速高、启动转矩大、体积小、质量小、效率高且有动态制动强和能量回馈等特性。电动汽车用电动机主要有直流电动机（DCM）、感应电动机（IM）、永磁无刷电动机（PMBLM）和开关磁阻电动机（SRM）。

近几年，由感应电动机驱动的电动汽车几乎都采用矢量控制和直接转矩控制。由于直接转矩的控制手段直接、结构简单、控制性能优良和动态响应迅速，因此非常适合电动汽车的控制。美国以及欧洲研制的电动汽车多采用这种电动机。永磁无刷电动机可以分为由方波驱动的无刷直流电动机系统（BLDCM）和由正弦波驱动的无刷直流电动机系统（PMSM），它们都具有较高的功率密度，其控制方式与感应电动机基本相同，因此在电动汽车上得到了广泛应用。PMSM类电动机具有较高的能量密度和效率，其体积小、惯性低、响应快，非常适合电动汽车的驱动系统，有极好的应用前景。由日本研制的电动汽车主要采用这种电动机。开关磁阻电动机（SRM）具有简单可靠、可在较宽转速和转矩范围内高效运行、控制灵活、可四象限运行、响应速度快和成本较低等优点。实际应用发现SRM存在转矩波动大、噪声大、需要位置检测器等缺点，应用受到了限制。

VCU（车辆控制器）是新能源汽车的大脑，它通过对来自油门、刹车踏板、挡位等位置的信息进行分析，判断驾驶员的意图。VCU还检测车辆的速度、温度、电量、电压等信息，并根据车辆各项参数向车身的动力系统、电池系统等发送控制指令，指挥车辆行驶。该控制器对汽车的正常行驶、整车上下电管理、挡位管理、转矩控制、附件控制、故障诊断与处理等起着关键作用。

MCU（电机控制单元）是新能源汽车特有的核心功率电子单元，是电动机的大脑。它在接收到VCU的车辆行驶控制指令后，及时控制电动机输出指定的转矩和转速，驱动车辆行驶，把高压电池的直流电能转换为所需的高压交流电并驱动电动机本体输出机械能。

BMS（电池管理系统）是新能源汽车的三大核心技术之一，它是新能源汽车电池系统正常工作、提高电池寿命并保证新能源汽车安全的关键技术。由于BMS的存在，当新能源汽车大电池出现早期损坏、过热、过载等情况时，能及时保护电池并向司乘人员报警。

1.2.2 电动汽车核心技术现状

锰酸锂、磷酸铁锂和三元锂电池，均为锂聚合物电池。

锰酸锂电池是指正极使用锰酸锂材料的电池。锰酸锂是成本低、安全性和低温性能好的正极材料，但是其材料本身并不太稳定，容易分解产生气体，因此多和其他材料混合使用。其缺点是循环寿命衰减较快，高温性能较差。高压电池方面，其标称电压为3.7V，1C充放循环寿命可达到500次以上，且仍能保持80%的容量。经过改良的锰酸锂电池单体1C充放循环寿命在1000次以上，甚至可达2000次以上。

磷酸铁锂电池是指用磷酸铁锂作为正极材料的锂离子电池，单体1C充放循环寿命可达2000次。单节电池过充电压30V不燃烧，穿刺不爆炸。其缺点是低温性能很差，振实密度较低，高倍率放电性能较差。其标称电压为3.2V。

三元锂电池正极为镍钴锰氧化物，俗称三元材料，负极为人造石墨与其他先进负极材料的混合体。具有如下优点：

① 叠片式软包装工艺，该结构电流集流均匀，散热性好，提升了电池倍率性能。

② 特殊的隔膜材料提高了隔膜的保液能力及孔隙率，减小电池内阻。以1倍率电流充放电，在放电深度DOD为80%的情况下进行测试，3000次循环后，容量仍能保持在85%以上。

③ 25Ah高压电池的重量比能量为160Wh/kg，比磷酸铁锂电池高30%以上，可以减轻整车重量，提高续航里程。

④ 电池一致性好。采用多项专利制造工艺，粉体的前处理技术，保证了粉体混合和浆料混合的均匀性；特殊的化成工艺，保证了电池成膜的稳定性，从而确保了电池批次间的稳定性，电池容量标准差小于0.08Ah，配组率高，可降低系统成本。

我们国家的三元锂电池主要是NCM电池，而非特斯拉上所使用的NCA三元锂电池。NCM是指正极材料由镍、钴、锰三种材料按一定比例组合而成，而NCA的正极材料是由镍、钴、铝构成，每个字母对应的都是相关元素符号的首字母。随着镍元素含量的升高，三元锂电池正极材料的比容量逐渐升高，电芯的能量密度也随之提高。因此，在NCM电池中，按照三者含量不同，NCM材料可分为NCM111、NCM523、NCM622、NCM811等，后面的数字代表的就是三者的比例。在对续航里程要求越来越高的情况下，电池的比能量需要更高，再加上作为稀有金属的钴价格不断上涨，高镍体系的NCM811将成为未来重要的发展方向。

NCA和NCM811性能上比较接近，在价格上NCM811略微便宜。但NCA体系电池也并非尽善尽美，如果要进一步提升能量密度，需要在21700基础上不断地做大体积，如图1-12所示，而这会对电池安全管理提出更大的挑战。图1-12所示圆柱形电池五位数字的含义为：前两位数字表示柱形端面圆的直径，第三、四位数字表示柱形长度（高度），最后一

18650圆柱形小型电池　　　　　21700圆柱形小型电池

图1-12　圆柱形电池体积

位数字0表示圆柱形。如18650中的18表示电池直径为18mm，65表示电池长度为65mm；21700中的21表示电池直径为21mm，70表示电池长度为70mm。

对于空间布置尺寸要求比较高的中小型电动汽车来说，功率和转矩密度更高的永磁同步电机则是优先的选择，并且同步电机更适合频繁启停的工况，适合城市上下班通勤的应用场景，这也是Tesla MODEL 3改用同步电机的原因之一。以通用为例，永磁同步电机结构如图1-13所示。

图1-13　通用永磁同步电机结构

相比永磁同步电机，交流感应电机体积较大，但是价格适中，感应电机功率可以做得很大并且不存在退磁问题，所以一些大型车或者追求性能的电动汽车，比如特斯拉MODEL S和蔚来ES8，都采用感应电机，如图1-14所示。

图1-14　蔚来ES8/ES6所使用的感应电机

开关磁阻电机结构简单、坚固、维护方便甚至免维护，启动及低速时转矩大、电流小；高速恒功率区范围宽、性能好，在宽广转速和功率范围内都具有高输出和高效率的特点，而且有很好的容错能力。

开关磁阻电机转子上产生的转矩是由一系列脉冲转矩叠加而成的，由于双凸极结构和磁路饱和非线性的影响，合成转矩不是恒定转矩，它具有一定的谐波分量，影响了电机低速运行性能，所以传动系统的噪声与振动比一般电机大。开关磁阻电机类型结构如图1-15所示。

图1-15　开关磁阻电机类型结构

开关磁阻电机的优点和缺点都非常明显，对于家用车领域，脉动引起的噪声与振动确实是难以控制和非常影响用户体验的，因此并没有大规模应用。但是在商用车领域，它就可以大显身手了，国内很多电动公交车、大巴和货车上都能够看到它的身影。

所以，基本可以这么说：中小型车以永磁同步电机为主，大型及高性能乘用车趋向感应电机，开关磁阻电机则适用于大型商用车。

双电机驱动系统改善了汽车的机动性能，在不增加电池容量的情况下提高了续航里程，同时采用双电机系统的造价比采用自动变速箱的造价要低得多。2014年10月，特斯拉推出了全新的双电机全轮驱动D系列车型，包括60D、85D、P85D等。所谓双电机全轮驱动，就是在后轮驱动的基础上，在前轴加装一台电机，这样前后轴都有动力源了。如图1-16所示为特斯拉MODEL 3双电机版本底盘。

图1-16　MODEL 3双电机版本底盘

双电机驱动车型带来了炫目效果，最重要的是可以使加速时间变短，续航里程变长。此外，双电机的操纵感更好，能减轻车身重量、提高爬坡能力。特斯拉的MODEL 3、MODEL S、MODEL X等车型均提供了双电机驱动版本。

目前市场上新能源车采用的双电机驱动技术主要有三种。

第一种是采用两个同样功率大小的电机,一个电机负责前驱驱动,一个负责后驱驱动。目的是增加转矩和功率,实现"1+1=2"的效果。蔚来汽车的ES8车型采用这种双电机驱动的方式。

第二种是采用动力分流的方式,一个电机主要负责驱动,一个电机主要负责发电。该双电机驱动可以重复利用高效工作区,达到能量回收的效果。丰田汽车的混合动力车型采用这种双电机驱动技术。

第三种则是采用两个功率不一样的电机同时控制,一个负责控制高速区,一个负责控制低速区。这样的方式有利于两个电机都保持在高效的工作区间,全方位提高整车的效率,这也是目前较多车企采用的双电机驱动布局方式。

总之,双电机驱动技术可以灵活调整车辆的工作状态,还可以提高整车的工作效率、提高加速性能、提高续航里程、减小体积、减轻重量、实现动力安全冗余等,有望成为未来新能源汽车主流驱动技术。

1.2.3　电动汽车核心产品趋势

高压电池路线主要有三元和磷酸铁锂两大类,理论上,三元电池能量密度的进步空间比磷酸铁锂电池要大不少,而磷酸铁锂电池的安全性要好一些(但也仅是相对而言)。现阶段电动汽车发展面临的主要矛盾是"里程焦虑",解决这个问题的主要办法就是不断提高电池能量密度。解决"里程焦虑"之后,电池能量密度依然需要不断提高,因为,电动汽车还需要解决"三个融合"的问题(《新能源汽车发展规划(2021—2035年)》提到电动汽车必须要与能源系统融合、与交通系统融合、与IT通信系统融合),而这才是电动汽车有别于传统汽车的核心能力。

近年来这两大电池路线都在不断提高各自的能量密度,其中磷酸铁锂电池能量密度的进展已经非常接近甚至超越了普遍认为的理论极限。但是,如此追求极限的做法,意味着安全方面的工作会非常难做。

电动汽车要在不依赖补贴的情况下取得对传统汽车的优势,需要在电池方面具备两个基础条件:电池能量密度要尽可能高,同时,电池成本要尽可能低。

目前驱动电机主要分为直流电机、交流电机及轮毂电机等。其中,直流和交流电机又可进一步划分。目前行业对交流异步电机、永磁同步电机及开关磁阻电机关注度较高。通过对常见的几种电机进行比较分析可知(见表1-1),永磁同步电机具有效率高、转速范围宽、体积小、重量轻、功率密度大、成本低等优点,成为纯电动乘用车市场的主要驱动电机。

表1-1　各类型电机参数对比

比较项	直流电机	交流异步电机	永磁同步电机	开关磁阻电机
功率密度	低	中	高	较高
功率因数/%	—	82～85	90～93	60～65

续表

比较项	直流电机	交流异步电机	永磁同步电机	开关磁阻电机
峰值效率/%	85～89	90～95	95～97	80～90
负荷效率/%	80～87	90～92	85～97	78～86
过载能力/%	200	300～500	300	300～500
转速范围/(r/min)	4000～6000	12000～15000	4000～15000	>15000
恒功率区	—	1:5	1:2.25	1:3
过载系数	2	3～5	3	3～5
可靠性	中	较高	高	较高
结构坚固性	低	高	较高	高
体积	大	中	小	小
重量	重	中	轻	轻
调速控制性能	很好	中	好	好
电机成本	低	中	高	中
控制器成本	低	高	高	中

从行业配套来看，新能源乘用车主要使用的是交流感应电机和永磁同步电机。其中，永磁同步电机使用较多，其转速区间大，效率相对较高，但是需要使用昂贵的永磁材料钕铁硼。部分欧美车系采用交流感应电机，主要因为稀土资源匮乏，同时出于降低电机成本考虑。其劣势主要是转速区间小，效率低，需要性能更高的调速器以匹配性能。

当前因纯电动乘用车以永磁同步电机为主要技术路线，故如何进一步提升其性能成为行业重点问题。目前，永磁同步电机面临以下几个方面的技术难点。

（1）功率密度

功率的提升有两种途径：一种是提高转矩；另一种是提高转速。前者主要问题是过载电流加大，造成发热量高，给散热造成较大压力；后者是高速时铁磁损耗大，需采用高性能低饱和硅钢片，从而使成本提高，或采用复杂的转子结构，但影响功率密度。

（2）材料方面

永磁材料也是制约永磁同步电机性能提升的重要因素。目前常用的永磁材料钕铁硼主要存在温度稳定性差、不可逆损失和温度系数较高以及高温下磁性能损失严重等缺点，从而影响电机性能。

（3）生产工艺

永磁同步电机在生产工艺方面的难点是制约其大规模配套乘用车的重要因素。因为永磁同步电机生产企业缺乏产业化的积累，尤其是随着纯电动乘用车市场规模的扩大，十万级的年产量给永磁同步电机带来了巨大的挑战。

　　在未来几年的纯电动乘用车市场上，永磁同步电机仍将占据主流，交流异步电机的配套将逐年萎缩。随着轮毂电机技术的逐步成熟和成本的下降，其在纯电动乘用车市场的配套量会有一定增长。而开关磁阻电机受限于体积和噪声问题，短时间内应用到乘用车的可能性较小。总体上看，驱动电机的主要趋势包括以下几个方面：集成化——涵盖电力电子控制器的集成和机电耦合的集成；高效化——提高功率密度并降低成本；智能化和数字化——与控制器配合不断提升驱动系统的性能。

第2章
高压电池
基本知识

2.1 电池结构与原理
2.2 电池的特性
2.3 电池常见类型

2.1 电池结构与原理

2.1.1 电池基本结构

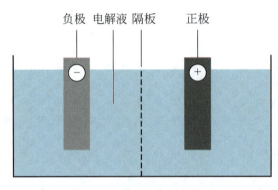

图2-1 原电池的基本构造

原电池基本上由电解液、电池壳体和两个电极构成,如图2-1所示。此外在电极之间还有一个离子可以通过而电子不能通过的绝缘用隔板。在原电池内发生的化学反应导致一侧电极上的电子过剩而另一侧电极上电子不足,这样就能够在两个电极之间产生电压。因此电池放电时所存储的化学能可以通过化学反应转换为电能。提供能量的反应和放电虽然由两个空间隔开,但是组成了相互连接的部分反应(电极反应)。与另一个电极相比,氧化还原电压较低时发生相应部分反应的电极为负电极,另一个则为正电极。电池放电时将会在负极处开始氧化过程以释放电子,在正极处通过还原过程吸收相应数量的电子。

2.1.2 电池基本原理

电子流通过一个外部用电器电路由负极流至正极。在电池内部电极之间的电流通过离子进入可以传导离子的电解液内(离子流),从而使电极内/上的离子和电子能够相互连接。

原电池是作为直流电压电源使用的。可以根据电极材质的组合为原电池命名,例如镍氢混合高压电池。电解液和电极材质会根据电池是否充电或放电而产生变化。制作电极所使用的材料种类决定了电池的额定电压。

将多个可作为能量来源使用的原电池互联起来称为"电池"。但是一个单独的原电池在普通术语中也被称为"电池"。原电池可以将其所存储的化学能直接转换为电能。电池分为可再次充电和不可再次充电两种。区别是可再次充电的电池(充电型)其放电时的反应可以逆转,这样就能够对电池进行充电和放电。因此化学能和电能可以反复转换。

如果所需电压比实际电池电压高,可以将电池进行串联,如图2-2所示。电池的总电压与单个电池的电压之和相同。例如图2-2中的总电压 $U_{ges}=U_1+U_2+U_3$。

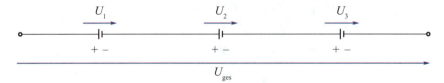

图2-2 原电池的串联

通过原电池的并联可以提高电池的电容量,电池电压则保持不变,如图2-3所示。

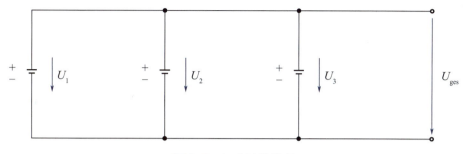

图2-3 原电池的并联

电容量是指电池内所存储的电荷数量,用安时(Ah)表示。根据放电条件决定电池所能提供的电容量。放电电流增大时所能提供的电容量就会随之下降。

电池功率等于放电电流与放电电压的乘积,用瓦特(W)表示。通常不会对电池所存储的能量大小进行说明,因为尺寸和容积往往是电池系统最为重要的参数。

单位质量的物质中所分布的能量大小称为能量密度,用Wh/kg表示。混合动力车辆中所用蓄能器的能量密度决定了其可达里程。

单位质量的物质中所包含的电功率称为电池的功率密度,用W/kg表示。

图2-4显示了一些蓄能器的功率密度和能量密度。例如双层电容器的功率密度非常高,但是与其他蓄能器相比其能量密度较低,也就是说它只能在短时间内提供较高的功率。将镍镉电池和镍氢混合高压电池进行比较可以看到,两种电池的功率密度几乎相同,但是镍氢混合高压电池的能量密度几乎是镍镉电池的2倍。

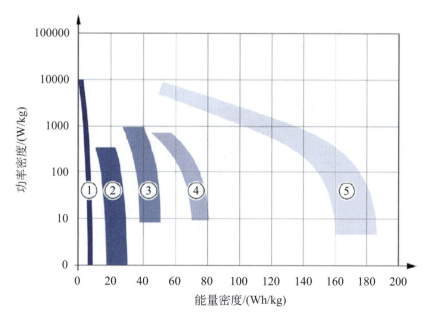

图2-4 电池能量和功率密度

1—双层电容器;2—铅酸电池;3—镍镉电池;4—镍氢混合动力电池;5—锂离子电池

2.2 电池的特性

2.2.1 三元锂电池

图2-5 三元锂电池组成

三元锂电池（Ternary Lithium Battery），是指以镍钴锰酸锂或镍钴铝酸锂为正极材料，以石墨为负极材料，以六氟磷酸锂为主的锂盐作为电解质的锂电池，如图2-5所示。锂电池的常用命名方式主要有两种：一是以电池中正极元素来命名；二是以电池最核心的反应机理和特征来命名（如柔性电池、固态电池）。三元锂电池就是以其正极材料来命名的，因为其正极材料包含了镍、钴、锰/铝三种金属元素，因此得名"三元"。需注意的是，钛酸锂电池是个例外，虽然其正极也有三种金属元素，但其负极是钛酸锂而不是一般的石墨，所以不属于一般的三元锂电池。

在三元锂电池正极材料中，镍的主要作用是提升电池的体积能量密度，是提升续航里程的主要突破口。钴可以抑制阳离子的混排，从而起到提升稳定性和延长电池寿命的作用，此外，其也决定了电池的充放电速度和效率（倍率性能）。锰或铝的作用在于降低材料成本，并且可以提高电池的安全性和稳定性。圆柱体三元锂电池中材料的分布如图2-6所示。

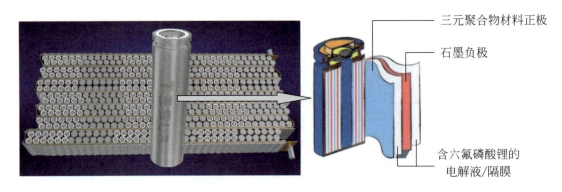

图2-6 圆柱体三元锂电池结构

目前，三元锂电池主要分为镍钴锰（NCM）和镍钴铝（NCA）两条技术路线。NCM与NCA两种类型的特性对比如表2-1所示。

表2-1 NCM 与 NCA 特性对比

项目	NCM	NCA
代表电池种类	目前主流种类是NCM523、NCM622、NCM811	松下、LG、三星、江苏天鹏的18650、21700系列
主要生产企业	CATL、LG、SK、三星SDI、BYD等	松下、LG、三星SDI、江苏天鹏、力神、德朗能等
能量密度	NCM811电池理论能量密度上限为300Wh/kg	NCA电池理论能量密度上限为350Wh/kg
成本	随着钴含量的不断降低，目前成本要小于NCA	NCA电池生产工艺要求较高，在钴使用量差不多的情况下，成本略高于NCM
生产工艺	NCM811生产工艺相较于NCA要简单，但是比NCM8523、NCM622等要难	NCA对生产设备的密封性要求较高、对温湿度敏感性较强，生产环境湿度需要控制在10%以下，加大了生产和管理的成本
循环寿命描述	1000～2000次充放电，必须经常使用才能保证寿命，一旦不用，长时间放置就会衰减很快	1000～2000次充放电，NCA不会出现NCM需要经常使用才能保证寿命的问题
安全性能	镍含量越高，安全性能越低，需要好的BMS管理系统以及电池包的设计	需要好的BMS管理系统和电池包设计，在一些极端滥用条件下的安全性上有明显优势
下游应用	电动汽车、消费类产品、储能等	电动汽车、电动工具、园林工具等

国内新能源汽车主要配套NCM电池，以方形和软包为主，从早期的镍钴锰比例5∶2∶3逐渐发展为高镍体系的8∶1∶1，成本更低、能量密度更高。

NCA的性能更加优越。NCA在充放电过程存在严重的产气，这会导致电池鼓胀变形，循环及搁置寿命下降，电池存在安全隐患，所以通常采用耐压的圆柱电池壳制作。

相比于磷酸铁锂电池，无论是NCM还是NCA的三元锂电池都有许多突出的优势。三元锂电池电压平台更高，比容量更大。在同等的尺寸条件下，磷酸铁锂电池能装10Ah，三元锂电池通常能装到15Ah以上。这意味着，如果使用能量密度更低的磷酸铁锂电池，会占用更多的空间，且严重阻碍车身轻量化，长续航的乘用车几乎不可接受。耐低温性能更好，低温条件下（气温低于-10℃），磷酸铁锂电池衰减得非常快，经过不到100次充放电循环，电池容量将下降到初始容量的20%，在北方使用受限。三元锂电池在低温性能、过充过放性能、能量密度、体积上优于磷酸铁锂电池。

三元锂电池也存在一定短板，比如热稳定性较差，300℃左右就开始分解，三元锂材料的化学反应更加剧烈，会释放氧分子，在高温作用下电解液迅速燃烧，发生热失控。需要厂商在过充保护（OVP）、过放保护（UVP）、过温保护（OTP）、过流保护（OCP）上多加改进。三元锂电池正极因为含有贵金属，价格相对磷酸铁锂电池要高不少。三元锂电池的一个重要革新方向，就是不断升镍降钴，镍钴锰比例从5∶3∶2到6∶2∶2再到8∶1∶1，甚至再到将来的"无钴"。长城汽车旗下蜂巢能源首发全球首款无钴电池，如图2-7所示。

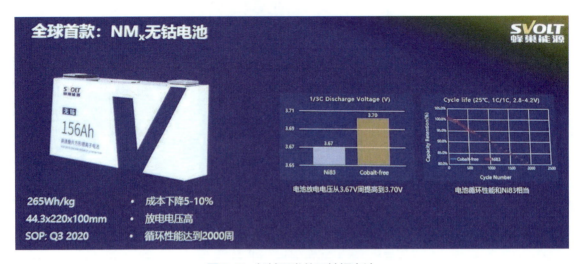

图2-7 长城研发的无钴锂电池

2.2.2 铁锂电池

铁锂电池充放电原理：LiFePO$_4$电池在充电时，正极中的锂离子Li$^+$通过聚合物隔膜向负极迁移；在放电过程中，负极的锂离子Li$^+$通过隔膜向正极迁移。电池内部结构如图2-8、图2-9所示。

$$LiFePO_4 + 6C \underset{放电}{\overset{充电}{\rightleftharpoons}} FePO_4 + LiC_6$$

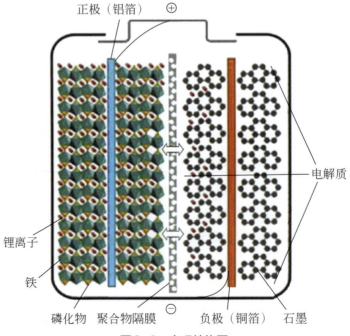

图2-8 宏观结构图

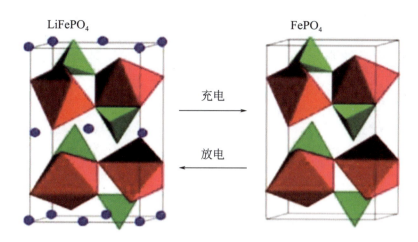

图2-9 微观结构图

以下为铁锂电池常用术语含义,其解释也适用于其他高压电池。

单体电池(Cell):直接将化学能转化为电能的最小单元,包括正极、负极、电解液、外壳等。

电池模组(Module):将多个单体电池按照串联、并联或串并混联方式组合,作为电源使用的组合体。该组合体可能附带电子控制系统。

高压(动力)电池(Pack):用来给高压(动力)电路提供能量的所有电气相连的电池包的总称。

额定容量:在环境温度为25℃±3℃条件下,充满电的电池以额定电流(或者额定功率)放电至终止电压时所应提供的电量,单位为安时(Ah)。

额定能量:在环境温度为25℃±3℃条件下,充满电的电池以额定电流(或者额定功率)放电至终止电压时所应提供的能量,单位为瓦时(Wh),1度电等于1000Wh。

充电终止电压(上限保护电压):单体电池/电池模组/电池包充电时要求的最高充电电压值,单位为伏特(V)。

放电终止电压(下限保护电压):单体电池/电池模组/电池包放电时要求的最低放电电压值,单位为伏特(V)。

开路电压(Open Circuit Voltage,OCV):外电路处于断路状态时的电池电压。

放电深度(Depth of Discharge,DOD):一般而言,电池循环是指电池充电后再放电的充放电过程。由于不同条件下电池放电量不一样,为了描述电池放电量的多少,引入DOD概念,即放电深度。充满电的电池一次放完电,即为100%DOD,放出一半的电量,则为50%DOD。

放电倍率:表示电池放电电流值大小的参数,以额定容量(C)的数值表达,单位为安培(A),如一个额定容量为50Ah的电池,以1C放电,则表示放电电流为50A(1×50),同理,如果以0.5C放电,则表示放电电流为25A(0.5×50)。

荷电态(State of Charge,SOC):电池当前所拥有的电量,以当前所拥有的容量占电池常温下总容量的百分比表示,简称SOC。

SOC其他定义如图2-10所示,影响电池SOC的主要因素如图2-11所示。

美国先进电池联合会（USABC）的《电动汽车电池实验手册》中对 SOC 定义如下：在指定的放电倍率下，电池剩余电量与等同条件下额定容量的比值。

$$SOC = \frac{Q_s}{Q_K}$$

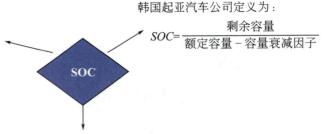

韩国起亚汽车公司定义为：

$$SOC = \frac{剩余容量}{额定容量 - 容量衰减因子}$$

日本本田公司的电动汽车（EV Plus）定义 SOC 如下：

$$SOC = \frac{剩余容量}{额定容量 - 容量衰减因子}$$

图2-10　SOC的多个含义

图2-11　影响SOC的主要因素

目前SOC的主流计算方法如表2-2所示。

表2-2　电池 SOC 计算方法

序号	SOC 计算方法	优点	缺点
1	放电实验法	准确、可靠	需中断，时间长
2	安时计量法	计算较为简单	相对误差较大
3	开路电压法	在数值上接近电池电动势	需要长时间静置
4	线性模型法	模型简单	不够准确
5	内阻法	与SOC关系密切	测量困难
6	卡尔曼滤波法	适合非线性模型	需准确的模型算法
7	神经网络法	精度比较高	需大量的训练方法和数据

高压电池性能评估一般包括容量性能、倍率性能、温度特性、储存衰减特性、循环寿命、自放电特性和安全性能等。

铁锂电池经过独特的低温设计,在低温上有很好的性能发挥。如图2-12所示,即使在−30℃低温下,电池仍可保持90%以上的容量输出。

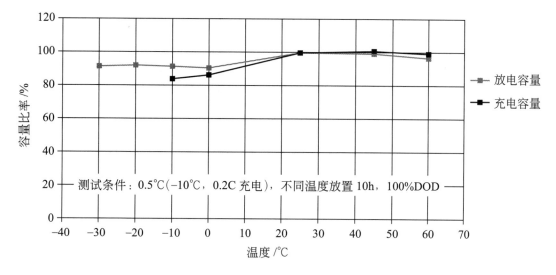

图2-12 电池容量评估

铁锂电池具有极高的能量转换效率(充电—放电这样一个循环的效率),在0.5C以下的倍率,充放电转换效率达96%以上,如图2-13所示,铅酸电池在此倍率下效率低于80%,所以铁锂电池具有良好的节能效果。

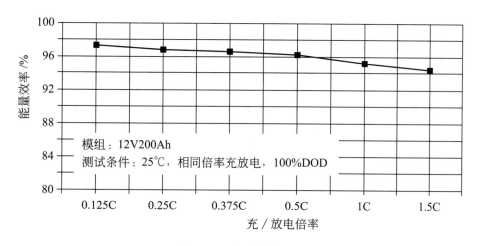

图2-13 电池倍率评估

铁锂电池采用低阻抗设计,因此即使在大电流情况下,电池本身的发热也非常小,200Ah的电池以200A的电流充放电,温升也仅在5℃左右,这与其很高的能量效率是一致的。图2-14展示了不同倍率充放电时的温升情况。

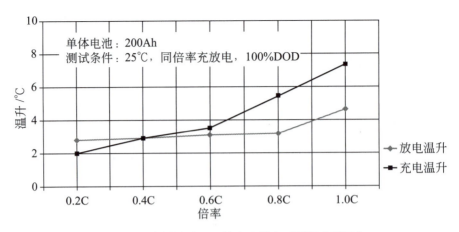

图2-14 电池温度特性（不同倍率充放电时的温升情况）

铁锂电池具有超长的使用寿命，一般手机电池在500次左右，而铁锂电池寿命至少4000次，如图2-15、图2-16所示。

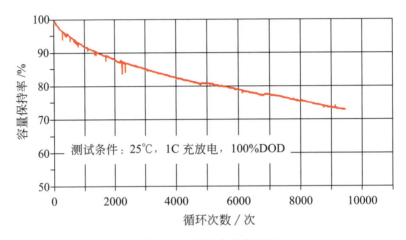

图2-15 单体电池常温循环

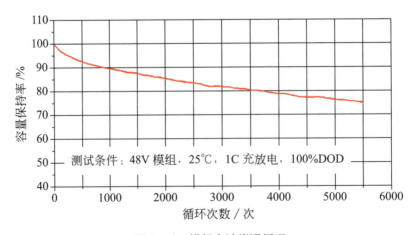

图2-16 模组电池常温循环

一般情况下，锂离子电池在低温下的表现略差，但铁锂电池独特的电池技术和经过充分验证的低温策略，使该电池产品在低温下的寿命并未受到影响，如图2-17所示。

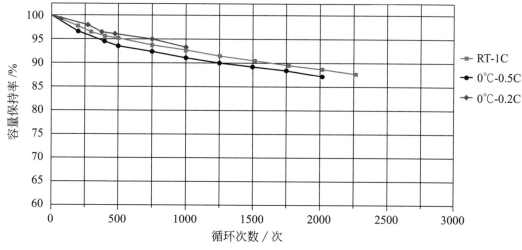

图2-17　电池低温循环（不同温度循环曲线）

铁锂电池没有记忆效应，从图2-18也可以看到不同DOD常温循环对电池寿命几乎无影响，因此对电池来说，任何时候充电或者任何时候放电都是允许的，不一定放完电后才开始充电。

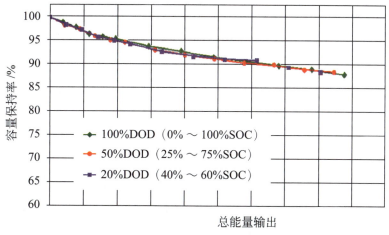

图2-18　DOD常温循环

铁锂电池在储存过程中容量衰减速率极低，但温度和SOC对容量的衰减速率有较大的影响，如图2-19、图2-20所示。一般来说，高压电池在较低SOC和常温下储存，有利于降低寿命衰减，相反在较高的SOC和较高的温度下，容量衰减速率较快，所以在可能的情况下，尽量把电动车置于较低的温度下储存。

电池的自放电与SOC相关：100%SOC下，每月自放电率在2%以下，每年自放电率在10%以下；50%SOC下，每月自放电率在1.5%以下，每年自放电率在5%以下。如图2-21所示。

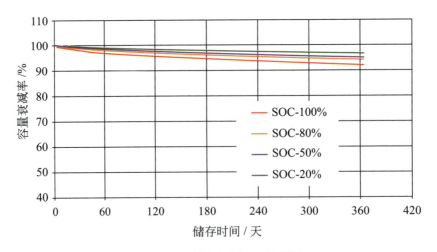

图2-19 不同SOC储存衰减特性

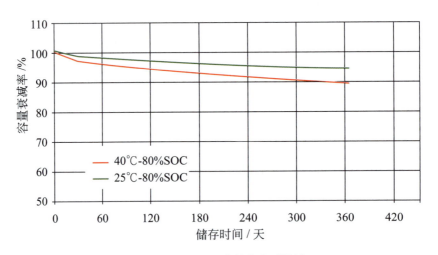

图2-20 不同温度储存衰减特性

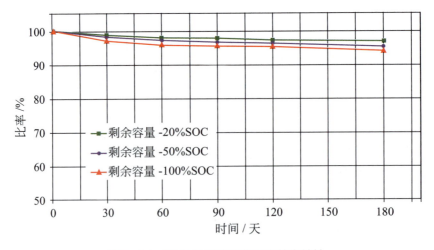

图2-21 BYD铁锂电池常温自放电特性

铁锂电池在不同SOC下的静态电压特性如图2-22所示。

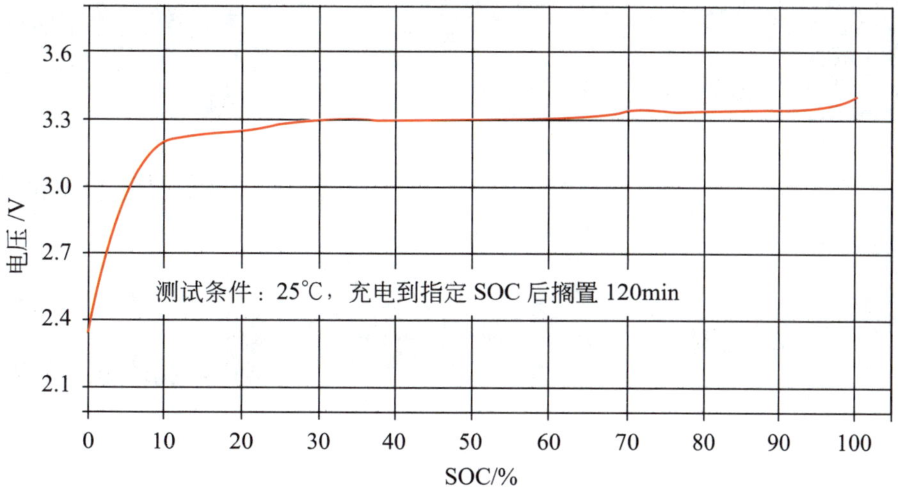

图2-22 不同SOC下静态电压特性（BYD铁锂电池不同SOC对应静态电压曲线）

高压电池包安全性能一般包括耐过充性能、耐过放性能、针刺、挤压、撞击、跌落、高温、火烧等。

（1）高温、漏电保护

铁锂电池采用BMS管理器，通过对电压采样、温度采样、电池均衡、采样线异常检测等，对电池异常状态进行报警和保护、自检以及通信，确保高压电池安全。

（2）高压电池不爆炸

磷酸铁锂高压电池采用高安全性的磷酸铁锂材料，经过精细的电化学设计、电极设计、电芯及成组结构设计、全自动生产线及严格的品质控制等全方位的安全设计及防护措施，同时通过一系列严格的试验表明，磷酸铁锂高压电池即使在极端的情况下也不会发生爆炸。

（3）碰撞后短路不起火

电池碰撞后，壳体变形，若变形严重，电池短路，瞬间释放能量，内部将产生气体，气体达到一定量时电池防爆阀启动，气体从防爆阀处泄漏排出，电池不会发生爆炸。

（4）电磁场辐射强度安全

国际认可的低频电磁场辐射强度安全限值为100μT，我们的高压电池包为58.8μT，是绝对安全的。

电池安全性能足以经受各种严苛试验，为了确保高压电池具有良好的安全稳定性，在研发过程中曾多次对"铁电池"进行火烧、短路、针刺、撞击、高温、挤压等极端测试，如图2-23所示。

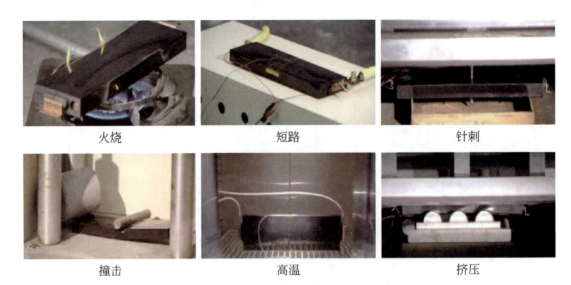

图2-23 电池安全性能测试

磷酸铁锂电池与其他材料电池相比的优劣势见表2-3。

表2-3 磷酸铁锂电池与三元锂电池对比

电池特性	磷酸铁锂	钴酸锂	锰酸锂
理论比容量/(mAh/g)	170	274	148
实际比容量/(mAh/g)	125	140	105
电压/V	2.0～3.8	2.7～4.3	2.7～4.3
材料结构	橄榄石型	层状	尖晶石型
材料优势	循环寿命长 安全性能优异 材料结构稳定 充放电倍率大	快速充放电 比容量高 合成简单	工作电压高 功率特性优良 成本较低
材料劣势	工作电压低 合成成本高 本体导电性较差	材料成本高（Co源昂贵） 安全性能差（充放电结构变化，释放O_2）	日历寿命和循环寿命差（尤其是高温下，Mn溶解） 比容量低
安全性能	优异	差	良好

2.2.3 铅酸电池

（1）充电状态（图2-24）

必须定期检查电池充电状态。使用电池分析仪是检查电池状况的最佳方式。绝对不要打开密封的免维护电池，否则可能损坏封装层。

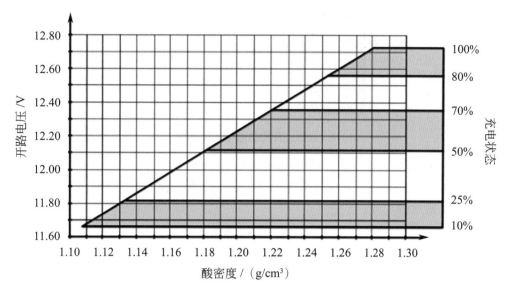

图2-24 充电状态

对于传统电池,也可以用密度仪(酸液浓度的测量)检查每个电池单元的密度的方式来检查充电状态。

不要在电池刚充过电时检查充电状态。首先通过激活外部远光灯2min来清除表面电荷,或者搁置电池12～24h再检查。

以下信息适用于新电池:

酸液浓度与电池单元电压之间的关系用公式表示为:

酸液浓度(g/cm^3)+0.84=电池单元电压(V)

电池电压通常用以下公式计算:

充电100%=($1.28g/cm^3$+0.84)×6个电池单元=12.72V

正常条件和炎热条件下的电池密度如表2-4所示。

表2-4 不同温度条件下的电池密度

温度条件	酸液密度	电池单元电压/V	电池电压/V	充电状况
正常	+25℃,$1.28g/cm^3$	1.28+0.84=2.12	6×2.12 = 12.72	100%
	+25℃,$1.12g/cm^3$	1.12+0.84=1.96	6×1.96 = 11.76	0%
炎热	>+30℃,$1.24g/cm^3$	1.24+0.84=2.08	6×2.08 = 12.48	100%
	>+30℃,$1.08g/cm^3$	1.08+0.84=1.92	6×1.92 = 11.52	0%

放电速度过快会缩短电池的使用寿命,硫酸化可能会完全毁坏电池。当电池放电时,硫酸化过程开始。放电的电池必须尽快充电。

充电状态和放电深度如图2-25所示,充电状态定义电池的充电百分比,放电深度(DOD)与充电状态(SOC)相反,以百分比表示电池的放电。

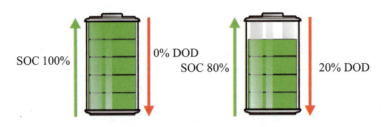

图2-25 充电状态和放电深度

充电状态和健康状况如图2-26所示。健康状况是以新电池容量的百分比表示的容量。如果电池的充电状态为60%，健康状况为75%，这表示电池容量为75%的60%=原始容量的60%×75%=原始容量的45%。

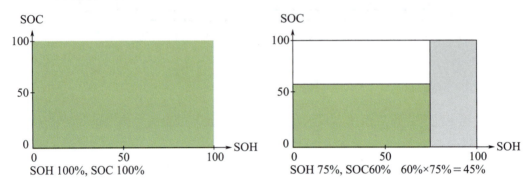

图2-26 充电状态和健康状况

在充电的化学过程中，只有板的表面与电解质接触，化学反应需要一些时间才能深入到板中，这意味着板表面的电荷比内部高。完成充电循环后，最多可能需要24h才能使板中的电荷达到同一水平。这表示这段时间内SOC的读数为错误的高位值，可通过激活大灯强光2min清除表面电荷。

（2）硫化

使用电池时，会形成小的硫酸铅晶体，这是正常现象，不会损坏电池。电池深度放电时，电极上会沉积一层软硫酸盐，这会抑制电池的性能，可通过过度充电逆转。

如果电池在较长的时间（数周或数月）内处于低充电状态，则软硫酸盐层将转变为硬晶体并变成永久性晶体，如图2-27所示，电池将失去其容量，并最终变得无用。

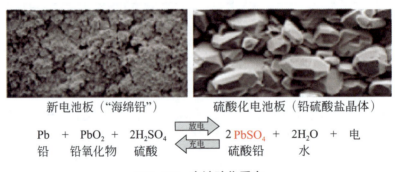

图2-27 电池硫化反应

为防止永久硫化，应每三周将电池充满电。如果电池大量排液，尝试尽快充电。

（3）分层

只有富液式电池才会分层。在分层的电池中，酸并未均匀分布在整块电池中，而是集中在底部，如图2-28所示。如果电池长时间未充满电、浅放电或深度放电，则会分层。

可通过倾斜电池侧面（对于标准电池，不要超过30°）或抖动来纠正分层。增压充电也有助于中和分层。

由于分层电池底部的酸浓度较高，因此电压较高，电压读数将显示高位值，电池分析仪将显示"表面电荷"。为确定有无表面电荷或分层，打开远光灯，如果电荷在几分钟后未下降，则由于分层，极有可能存在表面电荷。

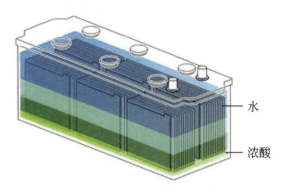

图2-28 电池分层

（4）容量

电池容量指的是电池单元电压减小到1.75V前电池放电所需的安时（Ah）数，电池容量如图2-29所示。在该电压（1.75V）处，电池被认为已完全放电。

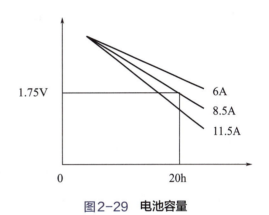

图2-29 电池容量

1.75V电池单元电压代表12V电池的端电压为6×1.75=10.5（V）。给定的电池容量放完电需要20h。

例如容量为170Ah的电池以8.5A电流放电需20h，放完电后的最终电压为1.75V/电池单元。车辆停车过夜时，使用消耗约10A电流的加热装置：8h×10A=80Ah。

> **注意：**
> 容量与健康状况直接相关。充满电时，一块具有75% SOH的225Ah电池只有171Ah的容量。

放电速度过快会缩短电池的使用寿命。不要使电池保持完全放电的时间过长。硫酸盐可能使电池完全损坏。必须尽快给放完电的电池充电。

（5）温度影响

温度对电池容量有显著影响，充电状态（SOC）与温度关系如图2-30所示。

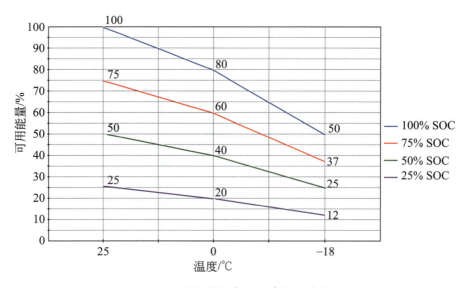

图 2-30 充电状态（SOC）与温度关系

> **注意：**
> 温度降低时容量不会损失，只是将电能积累起来但很难加以利用，当温度再次升高时，电池容量还会增加。

温度非常低的电池很难充电，因为在较低温度下电池对充电的抵抗性更强。

（6）结冰点

放电的电池含有大量水和非常少的硫酸。当电池中含有大量水时，则非常容易结冰。放电的电池在大约 –7℃ 冻结，如图 2-31 所示。充满电的电池在大约 –67℃ 冻结。在高温下使用的充满电的电池（酸液密度约为 1.24g/cm³）在大约 –55℃ 冻结。

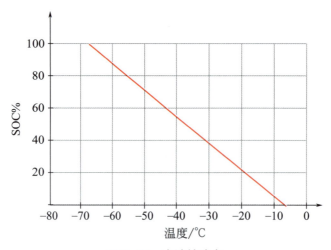

图 2-31 电池结冰点

充满电的电池含有少量水和大量的硫酸。因此，充满电的电池几乎不存在因冻结而损坏的风险。

2.3 电池常见类型

2.3.1 铅酸电池

铅酸电池是一种较早的电池系统（始于1850年），目前仍然有数以百万的车辆使用这种电池提供电能。铅酸电池在车辆中作为启动发动机的启动电池。此外，也可以在发动机处于静止状态时的有限时间内为用电器提供电流。车用铅酸电池结构如图2-32所示。

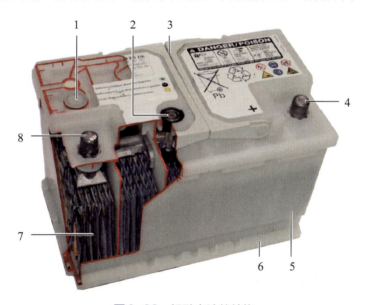

图2-32 铅酸电池的结构

1—密封塞；2—液体比重计（电眼）；3—提手；4—蓄电池的正极接线柱；5—蓄电池壳体；6—用于固定蓄电池的底部滑轨；7—由正极板组和负极板组构成的极板组；8—蓄电池的负极接线柱

在充电状态下，铅酸电池的正极被氧化为二氧化铅（PbO_2）而负极则被还原为绒状铅（Pb）。使用经过稀释的硫酸（H_2SO_4）作为电解液。电池放电时，将在两个电极处生成硫酸铅（$PbSO_4$）。

可以通过以下化学方程式对放电时的整个反应进行描述：

$$Pb+PbO_2+2H_2SO_4 \longrightarrow PbSO_4+2H_2O_2+ 电能$$

电解槽主要由正负极、隔板和组装所需部件构成，化学反应如图2-33所示。每个电解槽都输出2V电压，6个电解槽串联在一起可以提供12V的电池电压。铅酸电池的能量密度约为30Wh/kg。

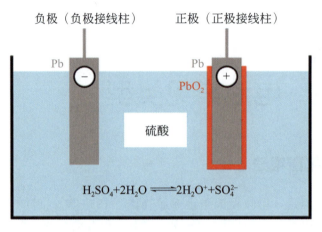

图2-33 铅酸电池中的化学反应

扫一扫看视频

2.3.2 镍镉电池

镍镉电池（NiCd）现在已经很少使用在车辆上了。它与铅酸电池的主要区别是在充电和放电期间电解液保持不变。已充电情况下镍镉电池槽的正极板为镉，负极板为氢氧化镍，使用氢氧化钾作为电解液。这种组合方式可提供1.2V的电压。其能量密度与铅酸电池基本相同。

使用新型电池系统替代NiCd电池的主要原因是其使用了会污染环境的重金属镉和所谓的记忆效应。对镍镉电池进行经常性的部分放电时会出现容量损失，这种情况被称为记忆效应。电池似乎会对以前放电过程中的能量需求产生"记忆"。此时电池仅能提供较小的能量而不是原来正常的能量，且电压也会随之下降。

2.3.3 镍氢混合高压电池

镍氢混合高压电池（NiMH电池）通常被视为NiCd电池的下一代产品。NiMH电池槽可以提供1.2V的电压。NiMH电池的能量密度约为80Wh/kg，几乎是NiCd电池能量密度的2倍。在NiMH电池中几乎不会出现前面所说的记忆效应。这种电池可以在短时间内以几乎恒定的电压释放存储的电能。

NiMH电池对过度充放电、过热和电极错误的反应较为敏感。此外对温度也比较敏感，当达到冰点附近的温度时会出现明显的容量损失。阳极由能够可逆存储氢的金属合金制成，氢以晶格形式存储在该合金内，这样就形成了一个氢金属电池。由氢氧化镍制成的阴极位于浓度为20%的电解液中。

放电时氢被氧化，同时在两个电极处产生1.32V的电压。为了在放电结束时防止金属替代氢而被氧化，负电极的尺寸比正电极大得多。

2.3.4 锂离子电池

对使用锂金属阳极和非水电解质溶液锂离子电池的研究开始于19世纪60年代。首先在航天和军事领域内使用了不可再次充电的锂电池。由于其自放电较小，所以时至今日还被用于心脏起搏器、手表和照相机。随着并非完全由金属锂构成的锂离子电池槽的面市，可充电锂电池真正实现了商业化。当今能量需求较高的便携设备（移动电话、数码相机、笔记本电脑等）基本都采用了锂离子电池为其提供能量。因为其能量密度较高，所以对电动和混合动力车辆领域尤为有益。此外它在放电时可提供恒定的电压且没有记忆效应。

常见锂离子电池的正极由多层锂金属氧化物制成（例如 $LiCoO_2$ 或 $LiNiO_2$），负极则由多层石墨制成。两个电极都位于无水电解液中，隔板安装在两个电极之间。

通过推移锂离子，在锂离子电池上可以产生一个源电压。在电池充电过程中带有正电荷的锂离子通过电解液由正极移动至负极的石墨层。锂离子与石墨（碳）进行化合，同时不破坏石墨的分子结构。放电时锂离子重新返回至金属氧化物中，电子可以通过外部电路流至正极。锂离子和石墨层反应后在负极上可以产生一个保护层，该保护层可以让较小的锂离子通过，而电解液中的分子则无法通过。锂离子电池内部结构如图2-34所示。

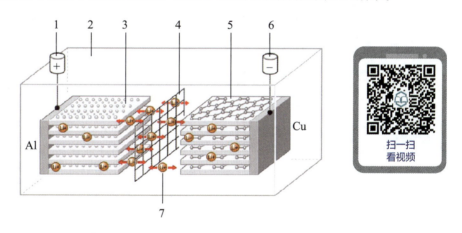

图2-34　锂离子电池内部结构

1—正极；2—带有电解液的壳体；3—锂金属氧化物；4—隔板；5—石墨层；6—负极；7—锂离子

锂离子电池的自放电较小，且因为锂离子的移动力较高所以其效率可达96%。该效率的大小取决于温度，在低温下该效率将会大幅下降。

一个普通锂离子电池槽可以提供的额定电压为3.6V。锂离子电池槽的电压是镍氢混合高压电池的3倍。过度放电至2.4V会导致电池出现不可逆损坏和容量损失，因此不允许过度放电。

锂离子电池相应的功率密度为300～1500W/kg。能量密度几乎是镍镉电池的2倍，为95～190Wh/kg。

应避免锂离子电池40%容量以下的放电，因为在电极中的不可逆化学反应会造成较大的容量损失。此外，电池槽电压越高电池老化也就越快，因此还要避免对锂离子电池进行100%的充电。最佳充电范围应在50%～80%。

使用锂离子电池时应注意它的一些特点。电池的机械损伤可能会导致电池槽短路。高强度电流会导致壳体熔化和起火。锂离子电池的外壳虽然是密封的，但不要将它放入水中，因为锂离子电池槽将会和水发生剧烈反应，特别是在充满电的情况下。因此不能用水而应该用沙土等扑灭燃烧的锂离子电池。

因受加工条件限制，锂离子电池槽的参数各不相同，例如容量，而电池是由多个电池槽共同组成的，所以必须对电池槽进行单独监控，这便是电池管理系统的任务。必要时该系统可以保证各电池槽不会过度充电或过度放电并保持各电池槽之间的电荷平衡。

2.3.5 氢燃料电池

氢燃料电池是原电池的一种特殊形式。燃料电池构造如图2-35所示。主要部件为两个电极1，镀铂的碳纤维纳米管催化剂2以及一层特殊薄膜3。多种化合物均可用作电极。特殊薄膜具有气密性，对电子不导电，对质子（不带电子的氢核）具有渗透性。氧气（O_2）来自环境空气，无需专门填充。

氢气（H_2）和氧气（O_2）分别分配至两个电极，氢气至正极（A），氧气至负极（C），如图2-36所示。氢气在催化剂的作用下释放两个电子并分裂成两个带正电的氢核（质子）。氢核可以渗入并穿过薄膜，因为薄膜另一侧（负极）电解质的质子数较正极少（扩散）。氧气在其电极侧通过催化作用吸收电子，然后立即与自由的氢质子反应生成水（H_2O）。

如果电子连接正极和负极，则该反应会产生电流。随着氢气转化为水，燃料电池中直接产生电能。

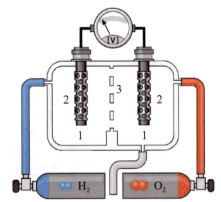

图2-35 燃料电池构造

1—电极；2—镀铂的碳纤维纳米管催化剂；
3—薄膜

氢气在特别灌注泵中装满。加氢燃料的过程与天然气燃料加注的过程一致。氢气在$7×10^7$Pa的压力下泵入车辆下方的增压箱中。根据氢的物理属性，80L氢气大约重6.44kg。氢气通过减压器进入燃料电池。在工作压力为$3×10^5$Pa时，燃料电池可提供250～450V直流电压。

燃料电池本质是水电解的"逆"装置，主要由三部分组成，即阳极、阴极、电解质。其阳极为氢电极，阴极为氧电极。通常，阳极和阴极上都含有一定量的催化剂，用来加速电极上发生的电化学反应。两极之间是电解质。

以质子交换膜燃料电池（PEMFC）为例，其工作原理如下：

① 氢气通过管道或导气板到达阳极。

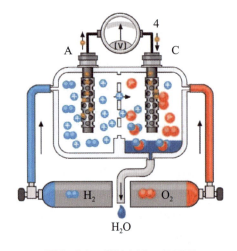

图2-36 燃料电池工作原理

② 在阳极催化剂的作用下，1个氢分子解离为2个氢质子，并释放出2个电子，阳极反应为 $H_2 \longrightarrow 2H^+ + 2e^-$。

③ 在电池的另一端，氧气（或空气）通过管道或导气板到达阴极，在阴极催化剂的作用下，氧分子和氢离子与通过外电路到达阴极的电子发生反应生成水，阴极反应为 $1/2O_2 + 2H^+ + 2e^- \longrightarrow H_2O$，总的化学反应为 $H_2 + 1/2O_2 \Longleftrightarrow H_2O$，电子在外电路形成直流电。

因此，只要源源不断地向燃料电池阳极和阴极供给氢气和氧气，就可以向外电路的负载连续地输出电能。

2.3.6 双层电容器

双层电容器是一种功率密度高达10kW/kg的电能静电蓄能器，但是与化学蓄能器相比其能量密度较小，约为5Wh/kg。双层电容器的优点是效率较高（几乎可达100%）、自放电小和使用寿命较长。此外，它不会出现记忆效应。因为双层电容器的能量密度较小，所以不适合作为独立的能量蓄能器用于车辆驱动，但是与化学蓄能器组合使用时可以显著降低重量并延长化学蓄能器的使用寿命。

双层电容器由两个通过电解液湿润处理的电极制成。当在电极上施加电压时电解液中极性相反的离子会在电极处聚集。它们和不可移动的电荷载体共同构成了一个层厚度仅比分子略小的区域。此处没有真正的电介质。在电极和电解液边缘上形成的两个电荷载体层可以起到电介质的作用。这两个电荷载体层也被称为双电层，并根据它为双层电容器命名。双层电容器内部结构如图2-37所示。

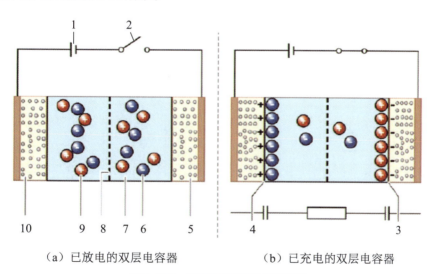

（a）已放电的双层电容器　　（b）已充电的双层电容器

图2-37　双层电容器的内部结构

1—电压电源；2—开关；3，4—绝缘的电荷载体层；5—负极；6—负电荷载体；7—电解液；8—隔板；9—正电荷载体；10—正极

带有电荷载体层的电极作为电介质的作用就像两个电容器，通过可以导电的电解液将其连接在一起。双层电容器中的电能只能进行静电存储。

电容器的容量取决于绝缘层的层厚度和电极面积。

$$C = \varepsilon_0 \times \varepsilon_r \times A/d$$

式中 C——平板电容器的容量；

ε_0——真空电容率；

ε_r——某电介质的相对介电常数；

A——电极的面积；

d——电极或绝缘电荷载体层的距离。

因为双层电容器的绝缘层很薄且电极面积较大，所以其功率密度很高。通过使用活性炭实现了较大的电极面积。活性炭是一种内部表面积非常大的细粒状炭（300～3000m^2/g）。例如4g活性炭的内部表面积相当于一个足球场的面积。绝缘层的厚度仅比1nm稍厚。

双层电容器的容量为1～50F，电压约为2.5V。和化学蓄能器一样，可以通过多个电容器的串并联增大容量和工作电压。

第3章 高压电池常见类型结构

3.1 三元锂电池模块结构
3.2 磷酸铁锂电池模块结构
3.3 镍氢电池模块结构
3.4 铅酸电池模块结构
3.5 氢燃料电池模块结构

EV BATTERY/MOTOR AND ELECTRIC CONTROL

3.1 三元锂电池模块结构

3.1.1 特斯拉 MODEL S

特斯拉（Tesla）电动车的电池采用NCA系列（镍钴铝体系）18650钴酸锂电池，整车的电池包分为60kWh或者85kWh两类（早期产品），单个电池容量为3100mAh（一般我们在电瓶上看到的单位是"安时"，这主要是根据不同容量的电池来选择不同的单位）。

85kWh的MODEL S的电池单元一共使用了8142个18650锂电池，组装时首先将这些电池以单元、模组逐一平均分配，最终组成一整个电池包，电池包位于车身底板，如图3-1所示。

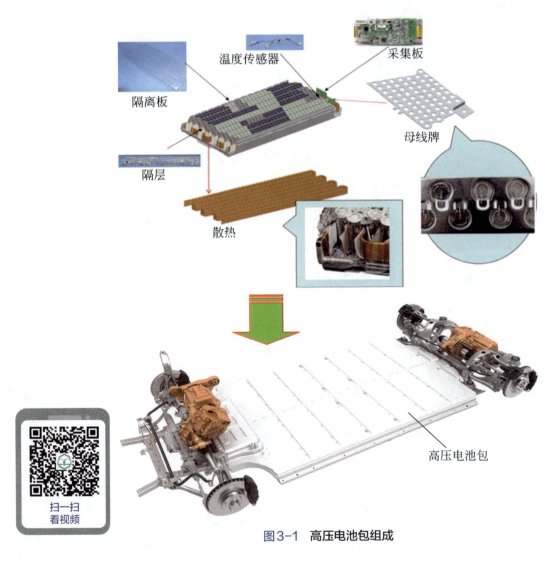

图3-1　高压电池包组成

虽然18650钴酸锂电池是满足较长续航里程的关键，但它在高温状态下的稳定性相比镍钴锰酸锂（NCM）和磷酸铁锂电池要稍差些，因此，在安全性方面需要技术的有力支撑。

电池包内每一节18650钴酸锂电池两端均设有保险装置，每个电池片和每个电池砖也都有保险装置，一旦发现某一单元内部出现问题，保险装置将会切断其与其他电池单元的联系，从而避免影响整体电池性能的情况出现。另外，每个电池片之间都有相对独立的空间，由防火墙相隔，即便是单个电池片内部出现了起火的情况，火势也可得到一定控制，不至于迅速蔓延至整个电池包。电池模块内部细节如图3-2所示。

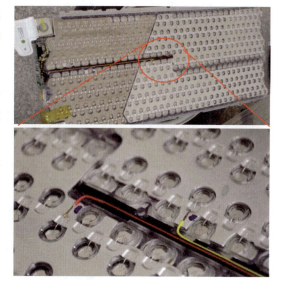

图3-2 电池模块内部细节

当然，保险装置是最后一道屏障，当它切断的时候也就意味着某个电池单元出现了问题，如果涉及更换，整个电池包可以以"模组"为单位进行更换。每节电池之间以并联的形式连接，而电池单元之间和电池模组之间分别以串联的形式连接，也就是说，在实际用车过程中，当某节电池出现问题时，车辆不会抛锚，受到影响的只是车辆的续航里程。

3.1.2 奥迪e-tron

奥迪e-tron的高压电池用螺栓拧在车辆中间，用于支撑车身。36个电池模块分为两层，电池壳体通过一根等电位线与车身相连。高压电池开关盒安装在高压电池上。电池模块控制单元安装在高压电池内。电池调节控制单元在右侧A柱上。电池结构如图3-3所示，电池技术参数如表3-1所示。

表3-1 奥迪 e-tron 高压电池包技术参数

名称	参数
额定电压/V	396
容量/Ah	240
电池单元格数目	432，分为36个模块
工作温度/℃	−28～+60
总能量/kWh	95
可用能量/kWh	83.6
充电功率/kW	150
质量/kg	699
冷却	液冷

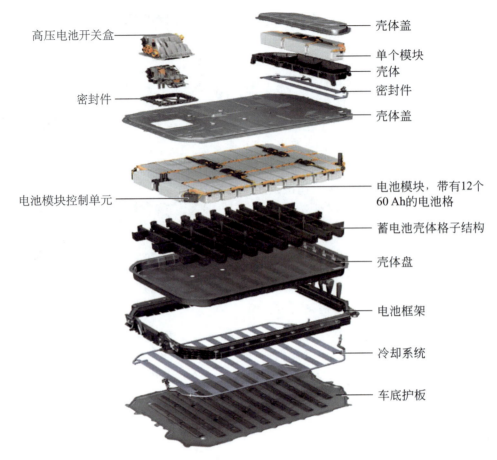

图3-3 奥迪e-tron高压电池包结构

一个电池模块由12个电池格构成,如图3-4所示。每4个电池格构成一个并联的组,容量为240Ah。每3个这样的组串联,可为每个电池模块提供11V电压。电池格上方的两个温度传感器侦测电池格的温度。电池模块是用橙色导线连接在电池模块控制单元上的。

如果是并联,那么电池格容量是相加的;如果是串联,那么电池格电压是相加的。电池单元连接方式如图3-5所示。并联:60Ah+60Ah+60Ah+60Ah=240Ah;串联:3.67V+3.67V+3.67V=11.01V。

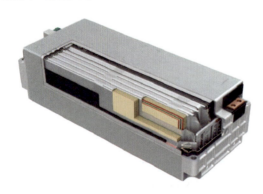

图3-4 电池模块内部构造

图3-5 电池单元连接方式

3.1.3 宝马i3

宝马i3使用的电池属于锂离子电池（电池类型为NMC/LMO混合）。锂离子电池的阴极材料基本上是锂金属氧化物。"NMC/LMO混合"这一名称说明了这种电池类型使用的金属一方面是镍、锰和钴的混合物，另一方面是锂锰氧化物。通过所选阴极材料优化电动车所用高压电池的特性（能量密度较高、使用寿命较长）。像往常一样使用石墨作为阴极材料，放电时锂离子沉积在石墨内。根据所使用的材料可知，电池额定电压为3.75V。

高压电池单元由以下主要组件构成：带有实际电池的电池模块、电池监控电子装置、安全盒、蓄能器管理电子装置SME控制单元、带散热器或选装配置加热装置的热交换器、导线束、接口（电气、制冷剂、排气）、壳体和固定部件。

图3-6展示了高压电池单元的内部电气结构，从该电路图中可以看出，除汇集在8个电池模块内的电池本身外，宝马i3的高压电池单元还包括以下电气/电子部件：蓄能器管理电子装置SME控制单元，8个电池监控电子装置（电池监控电路CSC），带接触器、传感器和过电流保险丝的安全盒，电气加热装置控制装置（选装）。

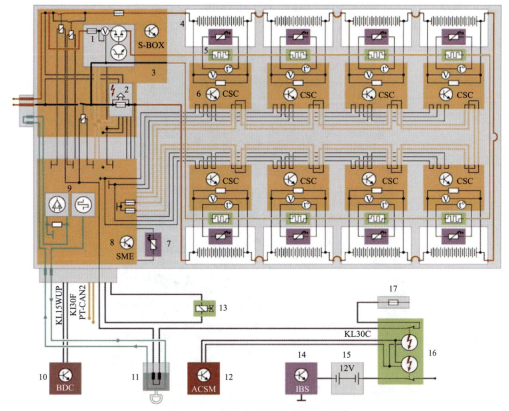

图3-6 高压电池单元系统电路图

1—电气加热装置控制装置；2—用于测量高压电池单元负极导线内电流强度的传感器；3—安全盒；4—电池模块；5—电气加热装置；6—电池监控电子装置（电池监控电路CSC）；7—制冷剂管路温度传感器；8—蓄能器管理电子装置；9—高压触点监控电路控制装置；10—车身域控制器；11—高压安全插头（售后服务时断开连接）；12—用于触发安全型电池接线柱的ACSM控制管路；13—冷却液管路截止阀；14—智能型电池传感器；15—电池；16—安全型电池接线柱；17—前部配电盒

除电气组件外，高压电池单元还包括制冷剂管路、冷却通道以及电池模块的机械固定元件。

高压电池使用寿命的要求比较严格（车辆使用寿命）。为了满足这些要求，不能随意使用高压电池，必须在严格规定的范围内使用高压电池，从而确保其使用寿命和功率最大化。

相关边界条件如下：在最佳温度范围内运行电池（通过加热、冷却以及根据需要限制电流强度）；根据需要均衡所有电池的充电状态；在特定范围内用完可存储的电池能量。

为了遵守这些边界条件，宝马i3的高压电池单元内带有一个控制单元即蓄能器管理电子装置SME。SME控制单元需要执行以下任务：由电机电子装置EME根据要求控制高压系统的启动和关闭；分析有关所有电池的电压和温度以及高压电路内电流强度的测量信号；控制高压电池单元冷却系统；确定高压电池的充电状态（SOC）和老化状态（SOH）；确定高压电池的可用功率并根据需要对电机电子装置提出限制请求；安全功能（例如电压和温度监控、高压触点监控、绝缘监控）；识别出故障状态，故障代码存储器记录并向电机电子装置发送故障状态。

高压电池单元由8个串联连接的电池模块构成。每个电池模块都分配有一个电池监控电子装置。电池模块自身由12个串联连接的电池构成，如图3-7所示。每个电池的额定电压为3.75V，额定电容量为60Ah。电池模块的顺序是固定的，在背面从高压插头开始。

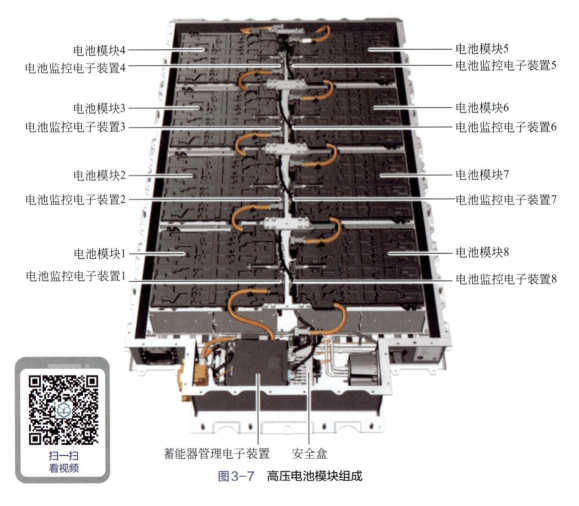

图3-7　高压电池模块组成

3.1.4 宝马i8

宝马i8的电池属于锂离子电池（电池类型为NMCo/LMO混合）。高压电池单元由以下主要组件构成：带有实际电池的电池模块、电池监控电子装置、安全盒（S盒）、蓄能器管理电子装置SME控制单元、两件式热交换器、导线束、接口（电气、制冷剂、排气）、壳体和固定部件。

为确保宝马i8所用锂离子电池正常运行，必须遵守特定边界条件：电池电压和电池温度不允许低于或高于特定数值，否则可能导致电池持续损坏。因此高压电池单元带有12个研发名称为电池监控电路CSC的电池监控电子装置。

宝马i8高压电池单元内的每个电池模块都有两个电池监控电子装置。这样做是为了确保一个电池监控电子装置最多可监控8个电池。因此装有两个电池监控电子装置，每个电池监控电子装置负责一个电池模块的8个电池，如图3-8所示。高压电池包技术参数如表3-2所示。

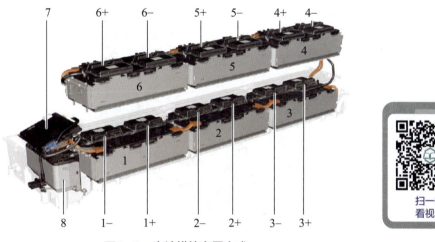

图3-8 电池模块布置方式

1，2，3，4，5，6—电池模块；1-、1+、2-、2+、3-、3+、4-、4+、5-、5+、6-、6+—电池监控电子装置；
7—蓄能器管理电子装置SME；8—安全盒（S盒）

表3-2 宝马i8高压电池包技术参数

项目	参数
电压	355V（额定电压），268～393V（电压范围）
电池	96个电池串联（每个电池均为3.7V和20Ah）
最大可存储能量	7.1kWh
最大可用能量	5.1kWh
最大功率（放电）	105kW（短时），最低28kW（持续）
最大功率（交流电充电）	3.6kW
总质量	98kg
尺寸	1460mm×305mm×330mm
冷却系统	R1234yf（欧规）/R134a（ROW）

3.1.5 宝马 ActiveHybrid 7

宝马 ActiveHybrid 7 的高压电池单元是一个完整系统，不仅包含高压电池本身，还包括以下组件：蓄能器管理电子装置 SME 电子控制单元、电动机械式接触器、高压导线接口、低压导线接口、制冷剂管路接口和冷凝液排泄管、排气管。

高压电池单元的主要任务是从高压车载网络吸收、存储电能并在需要时提供使用。此外，它还执行有助于确保高压系统安全的重要任务，例如高压接触监控。与传统 12V 电池大小相仿，质量仅为 28kg。由于这种电池结构紧凑，因此可占用后部空调系统的安装空间并集成到车内。锂离子电池的容量为 0.9kWh，特别适合轻混合动力车辆使用，高压电池模块结构如图 3-9 所示，技术参数见表 3-3。

图 3-9 宝马 ActiveHybrid 7 高压电池模块结构

表 3-3 宝马 ActiveHybrid 7 高压电池包技术参数

项目	参数
额定电压	126V
电池电解槽	35×3.6V
可存储能量	800Wh
使用能量	400Wh
最大功率	19kW
存储技术	锂离子电池
尺寸	370mm×222mm×234mm
质量	约 28kg
冷却系统	通过制冷剂循环回路进行冷却

高压电池单元通过支架与左侧车身和后座椅靠背连接，如图3-10所示。

图3-10　高压电池单元上的接口和部件

1—车身接地导线接口；2—低电压接口（用于蓄能器管理电子装置控制单元）；3—高电压接口；4—高电压接口安全螺栓；5—制冷剂管路接口；6—高压电池单元壳体上的接地导线接口；7—制冷剂管路；8—用于高压电池冷却的关断和膨胀组合阀

高压电池是高压系统的实际蓄能器，通过串联35个电解槽（额定电压3.6V）得到126V额定电压。

电解槽都采用圆柱形结构，如图3-11所示。每个电解槽上都有用于测量电解槽电压的分接头。电解槽之间装有防撞和抗振元件，防止电解槽受到机械损坏。电解槽采用锂离子电池技术，该技术可提供高的能量密度和功率密度。

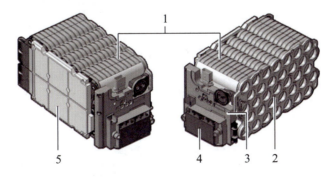

图3-11　高压电池的结构

1—电解槽防护板；2—散热器；3—蓄能器管理电子装置SME；4—电动机械式接触器；5—用于电解槽监控的电子电路

3.1.6 宝马530Le

宝马530Le的高压电池单元由以下主要组件构成：带有实际电池的电池模块、电池监控电子装置、安全盒（S盒）、蓄能器管理电子装置SME控制单元、两件式热交换器、导线束、接口（电气、制冷剂、排气）、壳体部件和固定部件。电池单元结构如图3-12所示。将电池组装成电池模块并与其他组件一起安装为完整的高压电池单元。

在高压电池内使用的电池组属于锂离子电池（电池类型为NMCo/LMO混合）。锂离子电池的阳极材料原则上是锂金属氧化物。"NMCo/LMO混合"这一名称说明了这种电池类型使用的金属，一方面是镍、锰和钴的混合物，另一方面是锂锰氧化物。使用石墨作为阴极材料，放电时锂离子存储在石墨内。根据电池内使用的材料可知，电池额定电压为3.7V。高压电池单元技术参数见表3-4。

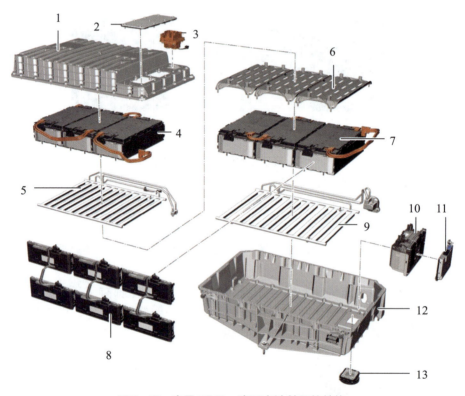

图3-12 宝马530Le高压电池单元的结构

1—上部壳体；2—高压电池单元上的维修盖；3—高电压插头；4—上部电池模块；5—热交换器上部件；6—用于上部电池模块的支撑框架；7—下部电池模块；8—电池监控电子装置；9—热交换器下部件；10—安全盒（S盒）；11—蓄能器管理电子装置SME；12—下部壳体；13—排气单元

表3-4 宝马530Le高压电池单元技术参数

项目	参数
电压	355V（额定电压），269～399V（电压范围）
电池	96个电池串联（每个电池均为3.7V和26Ah）

续表

项目	参数
最大可存储能量	9.2 kWh
最大可用能量	6.8 kWh
最大功率（放电）	83kW（短时），43kW（持续）
最大功率（交流电充电）	3.7kW
总质量	105kg
尺寸	508mm×781mm×287mm
冷却系统	制冷剂R134a

高压电池单元由6个串联连接的电池模块构成，如图3-13所示。与宝马i8不同，每个电池模块只分配一个电池监控电子装置。电池模块自身由16个串联连接的电池构成，每个电池的额定电压为3.7V，额定电容量为26Ah。电池模块的顺序是固定的，从前部下方开始。

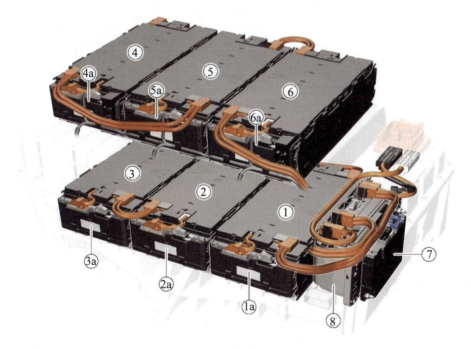

图3-13 电池模块的布置

1，2，3，4，5，6—电池模块；1a，2a，3a，4a，5a，6a—电池监控电子装置；7—蓄能器管理电子装置SME；8—安全盒（S盒）

3.1.7 奔驰S400 Hybrid

奔驰S400 Hybrid的高压电池模块位于发动机舱右后部，可保护高压电池免受外部热量的作用，并确保物理稳定性。高压电池模块包括高压电池、电池管理系统（BMS）控制单元和保护开关。制冷剂管路和电线（高压/12V）可与高压电池模块相连。高压电池是锂离子电池，可为电动机储存能量。高压电池模块结构如图3-14所示。

该电池与镍氢电池相比，优点有：电效率更高，能量密度更高，因此重量更轻，尺寸更紧凑。

高压电池通过DC/DC转换器与12V车载电气系统相连，从而可在必要时为12V车载电气系统提供支持。保护开关由电池管理系统（BMS）控制单元促动，并在内部将高压电池的正极和负极接线柱与高压车载电气系统绝缘。

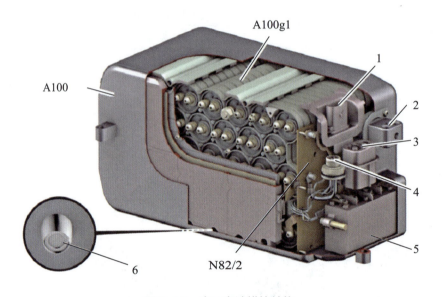

图3-14 高压电池模块结构

1—蓄电池管理系统控制单元的12V插头连接；2—制冷剂管路连接；3—高电压插头连接（电力电子、电动制冷剂压缩机）；4—高电压插头连接（DC/DC转换器）；5—保护开关；6—带膜片和爆裂盘的熔断接头；A100—高压电池模块；A100g1—高压电池；N82/2—电池管理系统（BMS）控制单元

3.1.8 蔚来ES6

蔚来ES6的高压电池包的下壳体为主要承重件，分为两个区域：大区域主要承载模组和冷却板等零件，中间布置纵梁和横梁以加强壳体强度；小区域为维修测试区域，主要承载EDM（电源分配单元）和BMS（电池管理系统）等零件。上壳体分为大盖板和小盖板，大盖板主要用于防护模组，小盖板用于防护EDM（电源分配单元）和BMS（电池管理系统）。大盖板与下壳体通过密封胶进行密封，小盖板与下壳体通过密封垫进行密封，电池包壳体密封满足高压水枪或高温水蒸气冲刷标准IP6K9K。系统共有32个基础电池模组，模组与外壳体之间是通过螺纹连接固定的，每4个模组共用一块冷却板，系统共有8块独立的冷却板，电池管理单元、电力分配单元、高低压电气连接接口、冷却连接接口均布置在电池包的一侧。高压电池包结构如图3-15所示，技术参数见表3-5。

第3章 高压电池常见类型结构

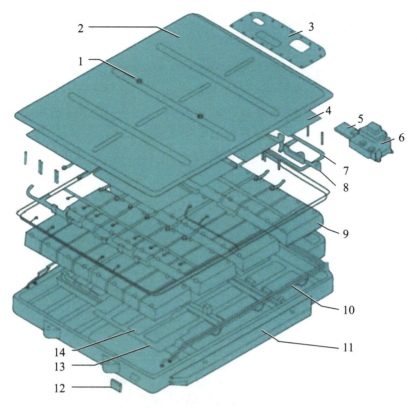

图3-15 蔚来ES6高压电池包结构

1—顶部套筒；2—顶板；3—前盖板；4—防火垫；5—电池管理系统；6—电源分配单元；7—密封圈；8—铜排；9—模组；10—冷却水管；11—电池底壳；12—泄压阀；13—冷却板；14—导热垫

表3-5 蔚来ES6高压电池包技术参数

项目	参数	
	HFC6483ECEV-W 84kWh（配置一）	HFC6483ECEV-W 70kWh（配置二）
额定电压	350V	350V
总电压范围	268.8～403.2V	TBD
总能量@25C°	（71.4kWh@1/3C）/（70kWh@1C）	（70kWh@1/3C）/（67.2kWh@1C）
最大峰值放电功率	>550kW	>550kW
最大峰值充电功率	>120kW	>120kW
放电窗口SOC	95%～5%	TBD
总质量	525kg	525kg
使用寿命	10年/200000km	10年/200000km
防护等级	IPX7	IPX7
交流充放电时间／次数	12000h/10000次	12000h/10000次
直流充放电时间／次数	500h/10000次	500h/10000次

3.1.9 江淮iEV6/iEV7

高压电池容量：86.4Ah；质量：230kg；电芯厂家：韩国三星；电池成组及BMS管理：华霆动力。充放电单体电压阀值：放电单体最低3.0V，充电单体最高4.1V。

高压电池总成包括左前模组总成、右前模组总成、后部模组总成、电池控制器（LBC）、电池切断单元（BDU）、维修开关和风蒸总成等部件。左前模组总成及右前模组总成均由4个32并5串模组和1个32并4串模组组成，后部模组总成由11个32并4串模组组成，如图3-16所示。

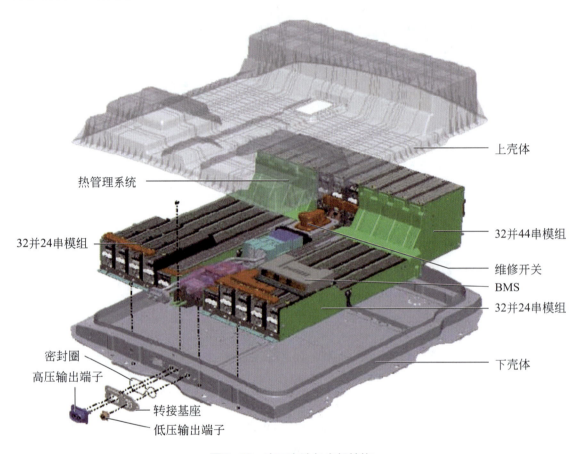

图3-16　高压电池包内部结构

32并24串模组（32P5S）如图3-17所示，由4个5串长条形模组和1个4串长条形模组串联组成，通过两端螺杆和模组固定板连接成整体，单体模块间依靠中间夹板进行绝缘防护。模组靠两端的模组固定板和中间压条与电池底壳螺纹副连接固定。另一侧24串模组成组方式和固定方式相同。

32并44串模组（32P4S）如图3-18所示，由11个4串方形模组串联组成，通过4根螺杆和两侧模组固定板连接成整体，单体模块间依靠中间夹板进行绝缘防护。模组靠两侧的模组固定板与电池底壳上的横梁螺纹副连接固定。

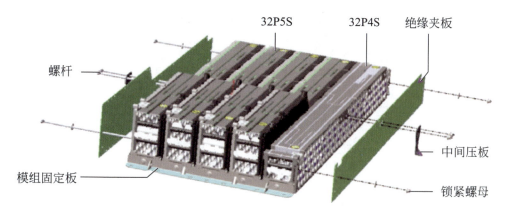

图3-17 32并24串电池模组

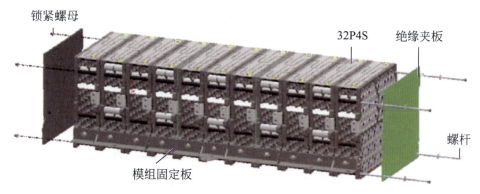

图3-18 32并44串电池模组

3.1.10 比亚迪汉DM

比亚迪汉DM搭载了一块电池容量为15.2kWh的三元锂电池，纯电模式下该车的NEDC续航里程为81km。高压电池内部结构如图3-19所示，电池技术参数见表3-6。

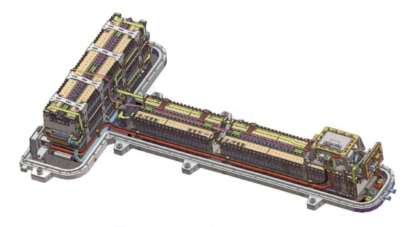

图3-19 汉DM高压电池内部结构

表 3-6　汉 DM 高压电池技术参数

项目	参数	项目	参数
续航里程	81km	继电器（主正主负）	200A
设计电量	15.41kWh	BSG 电控回路保险	700V-100A
额定电压	467.2V	后驱动电控保险	700V-250A
工作电压范围	320～531.2V	托盘	T形铝托盘
设计质量	165kg	BIC	级联方案

高压电池包接口分布如图3-20所示。

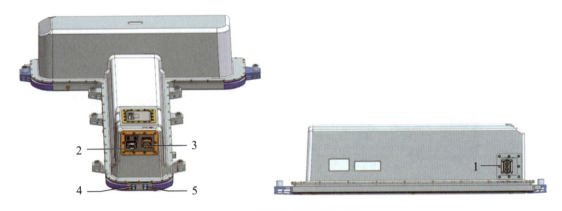

图 3-20　高压电池包接口分布

1—三合一控制器接插件；2—19pin低压接插件；3—BSG电控接插件；4—出水口；5—进水口

高压电池包内共有4个模组串联，每个模组配置一个BIC（电池信息采集器）。2#模组和3#模组之间串联一个分压继电器，前排、后排下层冷板单独接地，后排上层冷板模组接地，前后电控高压输出。部件分布如图3-21所示。

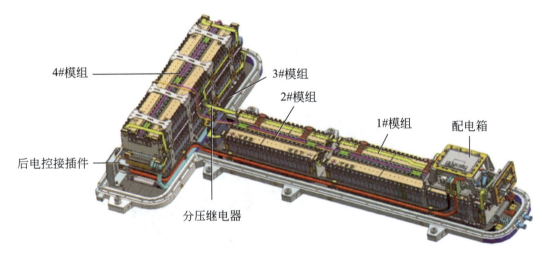

图 3-21　电池模组布置

液冷回路如图3-22所示，后排模组串联回路，与前排模组并联。

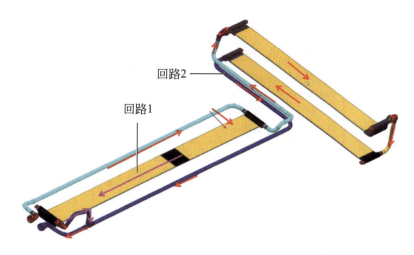

图3-22　高压电池液冷回路

3.2　磷酸铁锂电池模块结构

3.2.1　比亚迪汉EV

磷酸铁锂电池全名是磷酸铁锂锂离子电池，简称为磷酸铁锂电池。由于其性能特别适于作动力方面的应用，故多称为磷酸铁锂高压电池，也有把它称为锂铁（LiFe）高压电池的。磷酸铁锂高压电池是用磷酸铁锂（$LiFePO_4$）材料作电池正极的锂离子电池，它是锂离子电池家族的新成员。目前用作锂离子电池正极材料的主要有：$LiCoO_2$、$LiMn_2O_4$、$LiNiO_2$及$LiFePO_4$。这些组成电池正极材料的金属元素中，钴（Co）最贵，并且存储量不多，镍（Ni）、锰（Mn）较便宜，而铁（Fe）最便宜。

$LiFePO_4$电池的内部结构如图3-23所示。左边是橄榄石结构的$LiFePO_4$，其作为电池的正极，由铝箔与电池正极连接，中间是聚合物的隔膜，它把正极与负极隔开，但锂离子Li^+可以通过而电子e^-不能通过。右边是由碳（石墨）组成的电池负极，由铜箔与电池的负极连接。电池的上下端之间是电池的电解质，电池由金属外壳密闭封装。$LiFePO_4$电池在充电时，正极中的锂离子Li^+通过聚合物隔膜向负极迁移；在放电过程中，负极中的锂离子Li^+通过隔膜向正极迁移。锂离子电池就是因锂离子在充放电时来回迁移而命名的。

比亚迪制造的绝大部分电动汽车，以及多数国产低端电动车型配载的一般都是磷酸铁锂电池。以比亚迪汉EV车型为例，该车型装载的是比亚迪最新研发的磷酸铁锂"刀片电

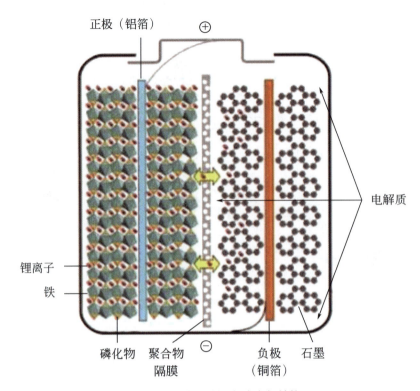

图3-23 磷酸铁锂电池内部结构

池",电池系统能量密度为140Wh/kg。汉EV分为单电机和双电机版本,其中单电机版车型最大功率222马力❶,峰值转矩330Nm,整备质量2020kg,NEDC综合续航605km;双电机车型搭载的是最大功率222马力前驱动电机和272马力的后驱动电机,整备质量2170kg,NEDC综合续航550km。

"刀片电池"是比亚迪开发的长度大于0.6m的大电芯,通过阵列的方式排布在一起,就像"刀片"一样插入到电池包里面。一方面可提高高压电池包的空间利用率,增加能量密度;另一方面能够保证电芯具有足够大的散热面积,可将内部的热量传导至外部,从而匹配较高的能量密度。根据专利信息,该电芯可实现无模组,直接集成为电池包(即CTP技术),从而大幅提升集成效率。汉EV刀片电池组装的高压电池包内部形态如图3-24所示,部件分解如图3-25所示。

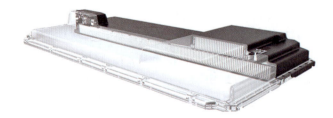

图3-24 比亚迪汉EV电池包内部形态

❶ 1马力≈735W。

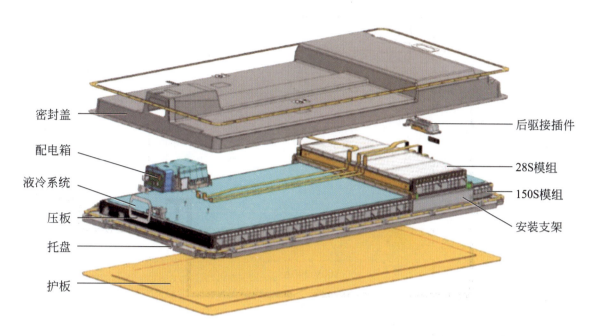

图3-25 比亚迪汉EV高压电池部件分解

高压监控模块（HVSU）的主要功能是电流采样、总电压/烧结检测、漏电检测，BIC的主要功能是电池电压采样、电池均衡等。高压电池采样线的主要功能是连接电池管理控制器、HVSU和BIC，实现三者之间的通信与信息交换。电池管理控制器安装位置如图3-26所示。

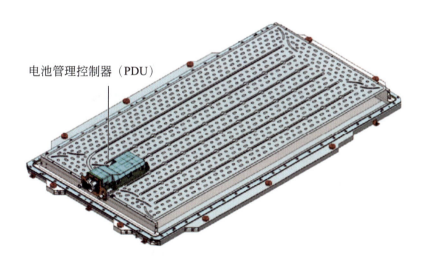

图3-26 电池管理控制器安装位置

高压电池包内部电路如图3-27所示。

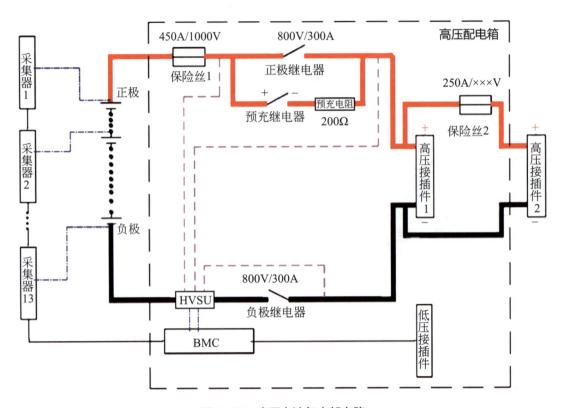

图3-27　高压电池包内部电路

比亚迪汉EV高压部件位置及参数如图3-28、图3-29所示。

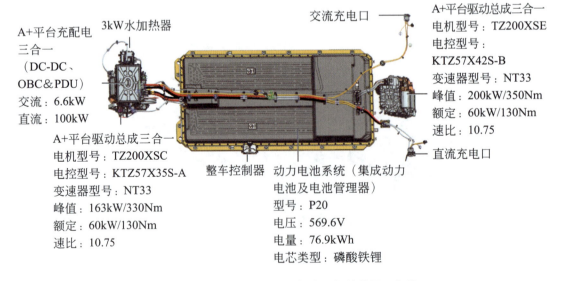

图3-28　比亚迪汉EV四驱版高压部件位置及参数

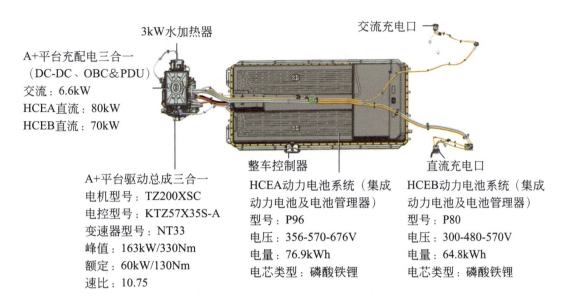

图3-29 比亚迪汉EV两驱版高压部件位置及参数

3.2.2 比亚迪秦EV300、E5

比亚迪秦EV300、E5磷酸铁锂电池单体电压3.3V,电池包内部含有2个分压接触器、1个正极接触器、1个负极接触器、采样线、电池模组连接片和连接电缆等。电池包外部结构:密封盖板、钢板压条、密封条、电池托盘。结构如图3-30所示,电池包技术参数见表3-7。

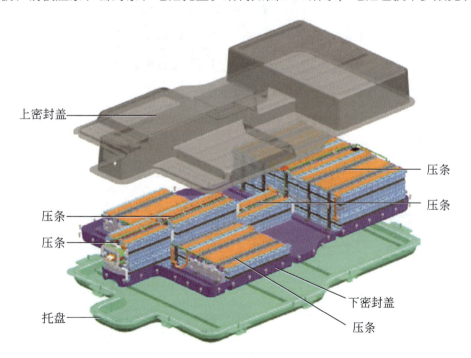

图3-30 秦EV300、E5高压电池包外部结构

表 3-7 秦 EV300、E5 高压电池包技术参数

项目	参数
电池包结构	13 个电池组串联，13 个 BIC
电池包容量	75Ah
额定电压	646V
储存温度	−40～40℃，短期储存（3 个月）20%≤SOC≤40%
	−20～35℃，长期储存（＜1 年）30%≤SOC≤40%
质量	≤490kg

高压电池包内部结构如图 3-31 所示，包括冷却水管、电池模组、模组连接片、连接电缆、采集器、采样线、电池组、固定压条、密封条。

图 3-31 秦 EV300、E5 高压电池包内部结构

电池包内部冷却水管结构如图 3-32 所示。

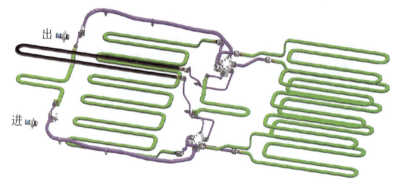

图 3-32 高压电池包内部冷却水管结构

高压电池冷却系统工作原理示意图如图3-33所示，不同模式下相关控制部件状态见表3-8。

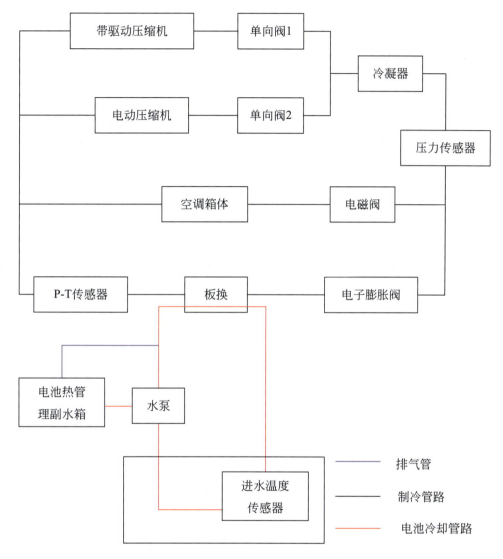

图3-33　高压电池冷却系统工作原理示意图

表3-8　不同模式下相关控制部件工作状态

不同模式控制	电磁阀	电子膨胀阀1	电子膨胀阀2	电子水泵
制冷工作模式	打开	打开	关闭	关闭
电池冷却模式	关闭	关闭	打开	工作
制冷电池冷却模式	打开	打开	打开	工作

3.3 镍氢电池模块结构

3.3.1 丰田普锐斯

丰田普锐斯（PRIUS）Hybrid 是世界上第一个大规模生产的混合动力车辆车款，丰田第三代普锐斯采用 201.6V（1.2V×6 格 ×28 块）直流镍氢电池，2003 款车型为 1.2V×6 格 ×38 块 =273.6V。丰田为第四代普锐斯提供了两种电池选择：较为传统的镍氢电池和目前比较流行的锂离子电池。两款电池的输出电压相近，锂离子电池的输出电压为 207.2V，镍氢电池则为 201.6V。所占的体积也相似，锂离子电池大小约为 30.5L，镍氢电池约为 35.5L。第三、四代普锐斯技术参数对比如表 3-9 所示，第三代所配镍氢电池模块结构见图 3-34。

表 3-9 第三、四代普锐斯技术参数对比

项目	第三代 PRIUS	第四代 PRIUS（镍氢电池）	第四代 PRIUS（锂离子电池）	PRIUS Plug-in Hybrid	PRIUS Prime
类型	HEV	HEV	HEV	PHEV	PHEV
车型年代	2010、2011、2012、2013、2014、2015	2016、2017、2018	2016、2017、2018	2012、2013、2014、2015	2017、2018
电池类型	镍氢电池	镍氢电池	锂离子电池	锂离子电池	锂离子电池
电池能量 /kWh	1.31	1.31	0.75	4.4	8.8
电池质量 /kg	39	39	24	80	120
电池能量密度 /（Wh/kg）	33.6	33.6	31	55.7	73.2
电池额定电压 /V	201.6	201.6	207.2（单体 3.7V）	207.2（单体 3.7V）	351.5（单体 3.7V）
电池额定容量 /Ah	6.5	6.5	3.6	21.5	25
驱动桥型号	P410	P610 HEV	P610 HEV	P610 PHEV	P610 PHEV
发动机排量	1.8L	1.8L	1.8L	1.8L	1.8L
发动机最大功率 /kW	73	72	72	73	72
发动机最大转矩 /Nm	142	142	142	142	142
电机类型	永磁同步电机	永磁同步电机	永磁同步电机	永磁同步电机	永磁同步电机
电机峰值功率 /kW	60	53	53	60	53+23
电机峰值转矩 /Nm	207	163	163	207	163+40
电机最高转速 /（r/min）	13500	17000	17000	13500	17000+10000
电机驱动减速比	8.612	10.835	10.835	8.612	12.303

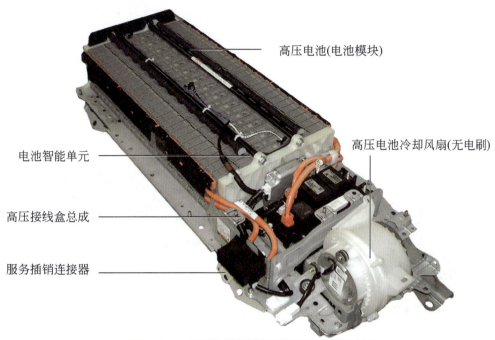

图3-34 第三代普锐斯所用镍氢电池模块结构

3.3.2 别克君越eAssist

别克君越eAssist混合动力汽车的动力系统由燃油发动机，搭配15kW的电动机以及镍氢电池组成，电动机不能独立驱动车辆，只是在起步以及加速时对发动机进行辅助，滑行及刹车时回收能量为电池充电。混合动力系统主要元件如图3-35所示。

图3-35 混合动力系统主要元件

混合动力系统36V NiMH电池组由三块12V电池串联而成,36V正极输出线路上有一个接触开关、电池组分离控制模块控制接触开关,电池组分离控制模块通过GMLAN通信。电池组外部附件如图3-36所示,电池模块内部结构如图3-37所示。

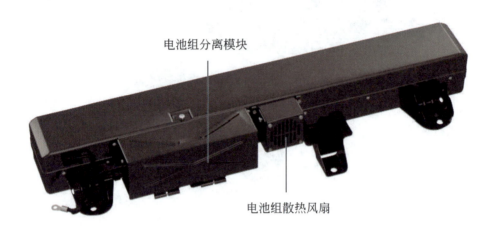

图3-36 电池组分离模块与散热风扇

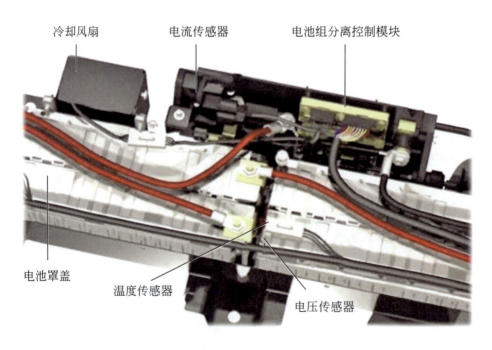

图3-37 电池模块内部结构

每组12V电池都由两个12V电池单元并联组成，如图3-38所示。

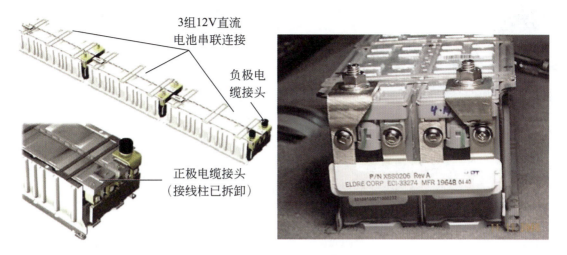

图3-38　电池模块连接方式

3.3.3　凯迪拉克凯雷德Hybrid

凯雷德Hybrid双模油电混合动力SUV属于强混，较别克君越eAssist不同，它采用的是更为先进的双模技术。双模混合动力就是采用了复合动力分配模式，有输入分离模式和混合分离模式。它有三个行星齿轮组，在不同车速下，既可以选择类似单模混合动力的模式，也可选择发动机全部直接输出，并借助双模的两电机同时叠加动力的模式。至于二者之间的差别就是获得的动力效率不同。动力系统采用的是6.0L V8 VORTEC发动机加上300V的镍氢电池（支持300V电动机及空调系统、42V电子助力转向系统和12V车载电源系统）以及EVT电子无级变速箱。凯雷德混合动力电池模块内部结构如图3-39所示。

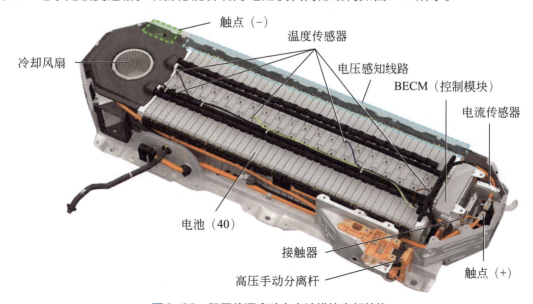

图3-39　凯雷德混合动力电池模块内部结构

混合动力电池总共由40个电池组组成，单个电池组结构如图3-40所示，每个电池组的电压为7.2V，总电压为288V。

电池组位于第二排座椅下，底板进行特殊的设计以便于布置电缆，如图3-41所示。

3.3.4 宝马ActiveHybrid X6

镍氢电池是全混合动力驱动装置最重要的组件之一，因为它决定了汽车的功率和可达里程。由于这种类型的电池存储容量较大且比较成熟，因此目前所有全混合动力车型均采用这种电池。宝马ActiveHybrid X6采用的288V电池，重83kg，容量为2.4kWh。高压电池通过冷却液散热，必要时还通过空调系统冷却，因此高压电池的冷却效率比雷克萨斯RX 450h等车辆采用的传统风冷系统高得多。高压电池单元是一个完整系统，不仅包含高压电池本身，还包括以下组件：电池控制模块（BCM）电子控制单元、电动机械式接触器、高压导线接口、高压安全插头、冷却系统、通风装置。

高压电池单元的主要任务是从高压车载网络吸收、存储电能并在需要时提供使用。它还执行有助于确保高压系统安全的重要任务，例如高压接触监控。此外，高压电池单元还能"关闭供电"和"防止重新接通"，从而确保安全地在高压系统上进行工作。镍氢电池模块剖视图如图3-42所示，技术参数见表3-10。

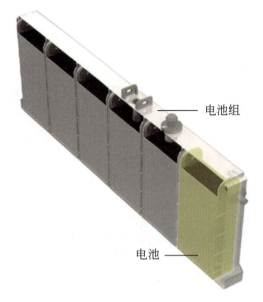

图3-40 单个电池组结构

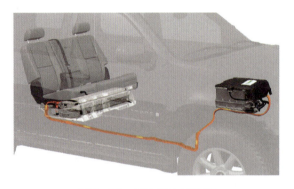

图3-41 电池组安装位置

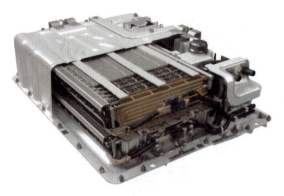

图3-42 镍氢电池模块剖视图

表 3-10 镍氢电池模块技术参数

项目	参数
额定电压	312V
有效电压范围	234～422V
电池电解槽	260×1.2V
最佳温度范围	25～55℃
可存储能量	2.6kWh
已用能量	1.4kWh
最大功率（短时）	57kW
存储技术	镍氢电池
电解液	氢氧化钾
尺寸	762mm×560mm×206mm
质量	约85kg
冷却系统	带有冷却液/空气热交换器和附加冷却液/制冷剂热交换器的独立冷却循环回路

高压电池单元安装在后座椅后的后备厢底板上，如图3-43所示。

图3-43 高压电池单元的安装位置

1—高压电池单元壳体；2—冷却液补液罐密封盖；3—低电压导线接口；4—高压安全插头；5—高电压导线；6—通风软管；7—固定螺栓；8—冷却液供给管路接口；9—冷却液回流管路接口

高压电池通过串联260个电解槽（额定电压1.2V）得到312V额定电压。每10个电解槽组成一个模块。13个模块并排布置，构成一列。两列叠加布置，构成整个高压电池套件。

每列电池电解槽都装有两个温度传感器，用于监控电解槽温度并根据需要调节冷却功率。每个模块的电压也同样受到监控，从而避免各电解槽电量过低或过高。流入和流出高压电池的电流强度通过一个电流传感器进行测量和监控。

在串联的电池电解槽正中间接入了高压安全插头，该插头还包括一个高电流保险丝。拉动高压安全插头或触发保险丝时都会使串联连接中断。之后，高压电池外部接口处不再存在任何电压。电动机械式接触器的触点断开时也会达到相同效果。在将高压电池接口向外连接之前，这些触点在正极和负极上。电动机械式接触器由电池控制模块进行控制，通过安全型电池接线柱为接触器供电。电池内部电气结构如图3-44所示。

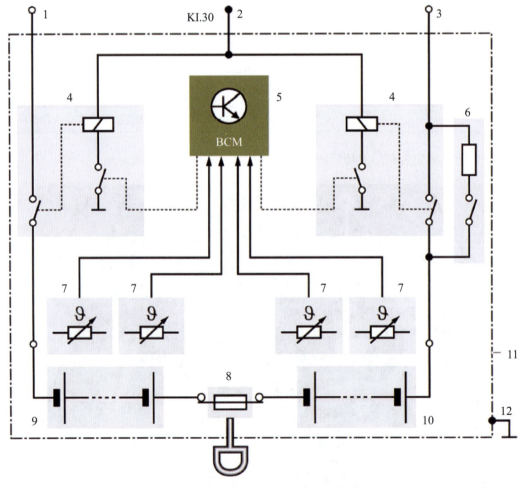

图3-44 高压电池单元内部的电气结构

1—高压电池单元负极接口；2—连自安全型电池接线柱的总线端；3—高压电池单元正极接口；4—电动机械式接触器；5—电池控制模块；6—切换为电压缓慢升高；7—电池电解槽上的温度传感器；8—带有保险丝的高压安全插头；9—第一列电池电解槽；10—第二列电池电解槽；11—高压电池单元壳体；12—通过接地连接补偿电位

3.4 铅酸电池模块结构

3.4.1 电池单元

一个12V电池由6个串联的单电池构成,它们安装在由隔板分隔的壳体中,每个电池的基本模块都是单电池。单电池由一个极板组构成,极板组又包括正极极板组和负极极板组,电池组成如图3-45所示。

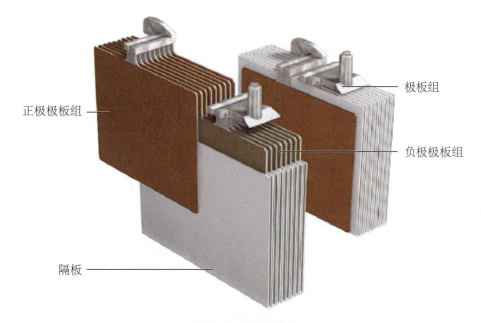

图3-45 电池组成

极板组由电极和隔板构成。每个电极都是由一个铅栅板和活性物质构成的。隔板(微孔绝缘材料)用于分离不同极性的电极。电极或极板组在充满电时沉浸在浓度为38%的硫酸溶液中(电解液)。

接线端子、单电池和极板连接器由铅制成,正极和负极具有不同的直径,正极总是比负极粗。不同的直径可以避免电池连接错误(防止接错极)。

单电池连接线穿过隔板。电池的外壳(模块箱)由耐酸性绝缘材料制成,外面由底板固定电池。上面外壳通过端盖封闭。电池外部结构如图3-46所示。

通过单电池连接线串联连接单电池,为车辆提供所需的电压。始终确保一个单电池的负极连接另一个单电池的正极。

电池液体(电解液)由稀释的硫酸构成,它填充空闲的单电池空间到"MAX"或"max"(最大)标记处,并填充极板和隔板的孔。

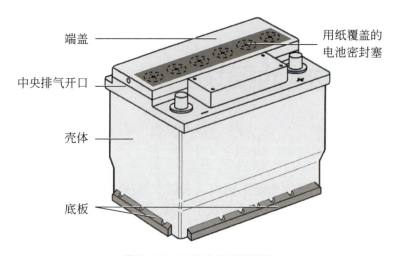

图3-46 铅酸电池外部结构

在几个端盖结构上有可拧入的单电池密封塞。这一结构设计来自电池还要定期添加蒸馏水的时代,也就是必须维护时。现在所有的汽车电池都是免维护的。因此尽管还可以打开单电池密封塞,但这已不是必要行为,出于安全原因大众汽车不再允许打开单电池密封塞。单电池密封塞用于首次添加硫酸操作。电池在充电时可能会产生易爆炸的氢气(H_2)氧气(O_2)混合气。排气通过中央排气开口进行。铅酸电池部件分解如图3-47所示。

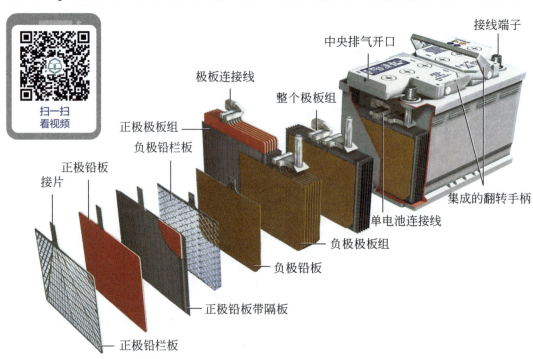

图3-47 铅酸电池部件分解

铅酸电池中使用了用蒸馏水稀释的硫酸。满充电状态硫酸浓度约为38%,剩下的是水。硫酸的离子能够导电,是带电的原子或分子。

硫酸的密度随电池充电状态而改变，参见表3-11。表格中的关系仅适用于无负荷的、静态的电池。

充电或放电和断开电池之后必须等待至少2h，达到静止状态再测量。为了防止硫酸溢出造成损坏，可以将硫酸束缚在玻璃纤维中。玻璃纤维束缚硫酸，防止电池溶液在外壳损坏或其他情况时流出。

表 3-11 硫酸密度与充电状态关系

硫酸密度/（g/cm³）	充电状态/%	开路电压/V
1.28	100	12.7
1.21	60	12.3
1.18	40	12.1
1.10	0	11.7

充电指的是将电能回充到电池中，充电过程将电能转化为化学能。

一旦发动机运行，就会通过发电机给电池充电。针对电动汽车，12V电池由高压电池充电。这样放电时生成的硫酸铅（$PbSO_4$）和水（H_2O）重新变成了铅（Pb）、二氧化铅（PbO_2）和硫酸（H_2SO_4）。

充电过程：$2PbSO_4+2H_2O \longrightarrow PbO_2+2H_2SO_4+Pb$

结果就是硫酸密度增加，重新储备了释放电能所需要的化学能。电池充电过程如图3-48所示。

放电指的是从电池中提取电能。放电过程将化学能转化为电能。有用电器与电池连接时，它就会放电。放电过程中硫酸的比例减小，水的比例增大，结果就是硫酸密度减小。正极板和负极板上都产生硫酸铅（$PbSO_4$）。电池放电过程如图3-49所示。

放电过程：$PbO_2+2H_2SO_4+Pb \longrightarrow 2PbSO_4+2H_2O$

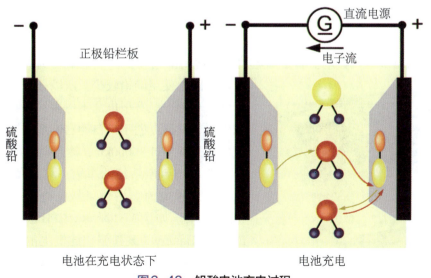

图3-48 铅酸电池充电过程

●—氢气；●—氧气；●—硫酸根离子；●—铅；　—电解液

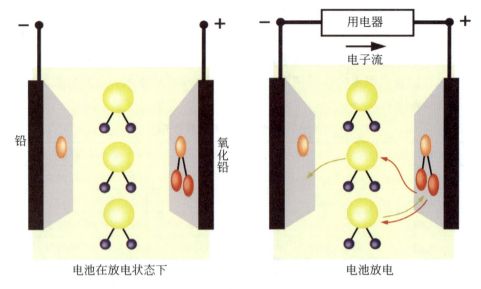

图3-49 铅酸电池放电过程

充电过程中控制器电压很重要。控制器电压过高,在充电过程中会分解更多的水,由此降低了液位或电池玻璃纤维的饱和度。充电不足,会缩短电池使用寿命,降低启动能力。

3.4.2 免维护铅酸电池类型

带液态可自由流动硫酸的电池被称为湿电池。因为如今汽车电池都是免维护的,所以湿电池无需再添加蒸馏水。因此没有必要并且也不允许打开单电池密封塞。只有在首次给电池添加硫酸时才可打开。在对带单电池密封塞的湿电池充电时,切勿旋出单电池密封塞!

鉴于要排出充电时产生的气体,湿电池是开放性系统,也就是说每个单电池的气体室都与大气连接。

经济型电池从结构类型上看是湿电池,但使用的铅较少,以大众为例,外形如图3-50所示。因为使用的铅较少,所以减小了重量,但也降低了功率。经济型电池不作为原装装备使用。它们用于超过五年的不带自动启停系统的车辆。其使用寿命为四年或80000km,冷启动性能略微降低。

带自动启停系统的车辆中可以使用改进的湿电池。这种电池类型可以从电池盖上的EFB字样识别出来,如图3-51所示。EFB是英语Enhanced Flooded Battery(改善强化的湿电池)的缩写。在EFB电池中根据制造商不同安装了不同惰性混合元素,它降低了酸液分层。酸液分层指的是频繁充放电过程中电池溶液中出现的浓度差。

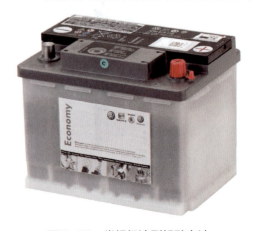

图3-50 常规经济型铅酸电池

玻璃纤维电池，也称AGM电池或者复合电池，用于带自动启停系统和能量回收的车辆。玻璃纤维电池是硫酸被束缚在玻璃纤维（AGM）中的电池。这种电池类型可以从电池盖上的AGM字样和全黑色电池外壳识别出来，如图3-52所示。AGM是英语Absorbent Glass Mat（吸附式玻璃纤维棉）的缩写。它指的是由非常细小的网状玻璃纤维构成的具有很强吸水性的玻璃纤维，所有硫酸都被玻璃纤维吸附住，因此玻璃纤维电池是防泄漏的。

电池外壳仍然有可能溢出极少量的硫酸，但仅有几毫升。电池通过电池盖封闭，单电池密封塞和排气通道包含在盖中。对于充电时产生的气体排放问题，因为玻璃纤维电池（AGM电池）是封闭的系统，所以每个单电池都通过一个阀门与大气隔开。

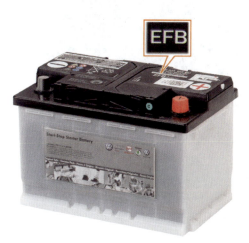
图3-51　用于带自动启停功能车辆的铅酸电池

图3-52　AGM电池

3.5　氢燃料电池模块结构

3.5.1　奥迪A7 h-tron

奥迪A7 h-tron概念车搭载氢燃料电池动力系统，这套系统的最大功率为230马力，最大转矩为540Nm。其从0到100km/h的加速时间仅为7.9s，极速可以达到180km/h。这套系统可以使用氢气当燃料行驶或在纯电动模式下行驶，使用氢气作燃料时，每千克氢气可以行驶100km。纯电动模式时则可行驶50km。其总续航里程可以达到500km。燃料电池构成如图3-53所示，氢燃料汽车部件如图3-54所示。

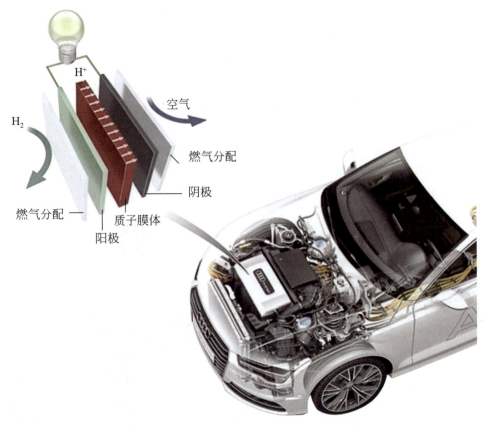

图3-53 奥迪A7 h-tron燃料电池结构

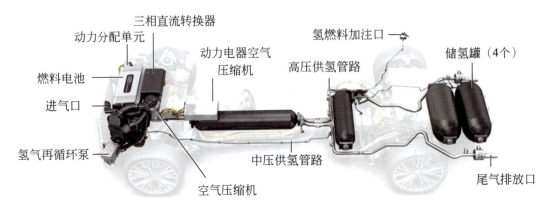

图3-54 奥迪A7 h-tron氢燃料汽车部件（氢燃料系统视图）

3.5.2 丰田Mirai

丰田的氢燃料电池汽车Mirai是丰田第一款量产的燃料电池汽车。Mirai的内部有两个氢气储气罐，可以存储70MPa的氢气，总重87.5kg。一个储气罐布置在后备厢靠前的位置，一个布置在后排座椅下面，这两个储气罐由三层材料包裹制成。后排座椅椅背后方，有一块 1.6kWh 的机械轴封镍氢电池组,是车辆运行时,燃料电池堆栈所产生的多余电力以及能量回收时的电力存储装置。在必要的时候,电池可以同燃料电池堆栈一起同时向电机输出电力以增强车辆动力。Mirai 的燃料电池堆栈布置在前排座椅下面,最大输出功率 114kW。该车关键部件位置如图 3-55 所示。

图 3-55　丰田 Mirai 氢燃料电动汽车关键部件位置

3.5.3　现代 ix35 FCEV

安装在现代 ix35 FCEV 中的燃料电池是质子交换膜燃料电池,也称为聚合物电解质膜燃料电池(PEMFC)。聚合物电解质膜燃料电池具有专门用于氢离子交换的聚合物电解质膜。因为 PEMFC 可以将甲醇和氢气等化学燃料直接转化为电能,所以 PEMFC 的能量转化效率是传统发动机的 1.5 倍,并且不会产生任何有害的空气污染物。PEMFC 具有比其他燃料电池更高的电流密度和更高的输出功率。除了具有低于 100℃的低工作温度,结构简单,快速启动和响应以及出色的耐用性的优点外,还具有从任何燃料源(从甲醇到天然气)获得氢的能力,使 PEMFC 成为了出色的动力来源。

燃料电池由两个夹在电解质周围的电极组成。氧离子通过一个电极,氢离子通过另一个电极,从而产生电、水和热。氢被引导到燃料电池一侧的阳极,而氧气被引导到燃料电池另一侧的阴极。在阳极处,催化剂使氢原子分裂成质子(H^+)和电子,它们通过不同的路径到达阴极。质子穿过电解质到达阴极,而电子沿着外部电路到达阴极,从而产生电流。在阴极,质子和电子与氧结合形成水。重要的是,在阳极分裂的氢离子穿过膜到达阴极。这就是为什么燃料电池被称为聚合物电解质膜燃料电池的原因。

图3-56展示了典型的燃料电池堆。除电极外，双极板也是PEMFC中最重要的部分之一。双极板支撑电极并感应氢和空气的流动。聚合物电解质膜燃料电池（PEMFC）的核心是膜电极组件（MEA），它由质子交换膜（通常为全氟磺化聚合物）和两个催化剂层（即阳极和阴极）组成。通常在双极板（BP）和MEA之间插入第三种成分，即所谓的气体扩散层（GDL），GDL是PEMFC中的关键组件，因为它必须携带从流场到催化剂层的反应气体以及从双极板到催化剂层的电子，同时必须除去反应产物（废气和水），从催化剂层中吸收热量，并将热量从MEA中带到BP中的冷却通道。气体扩散层必须保证BP与MEA之间的良好接触。

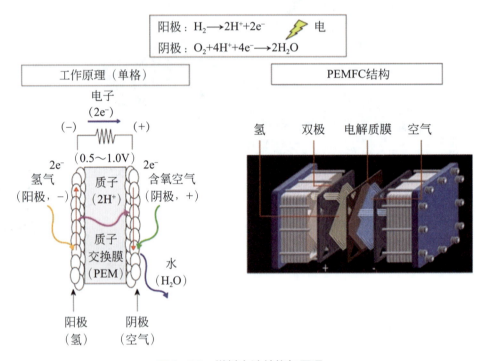

图3-56 燃料电池结构与原理

现代ix35 FCEV燃料电池组成如图3-57所示。

图3-57 现代ix35 FCEV燃料电池组成

FCU（燃料电池控制单元）是燃料电池汽车中最高级别的控制器，可输出与燃料电池运行相关的所有控制信号。尽管车辆中的大多数系统都有自己的控制器，但FCU充当父控制器，传输最终控制信号。图3-58为典型燃料电池控制系统组成。

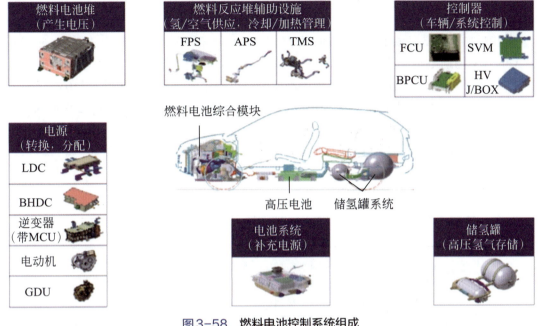

图3-58　燃料电池控制系统组成

FPS—燃料处理系统；TMS—热管理系统；APS—空气处理系统；FCU—燃料电池控制单元；SVM—堆栈电压监控器；BPCU—鼓风机和泵控制单元；HV J/BOX—高压接线盒；LDC—低压DC/DC转换器；BHDC—双向高压DC/DC转换器；MCU—电机控制单元（变频器包括MCU）；GDU—齿轮差速器

燃料电池系统主要组件分布如图3-59所示。

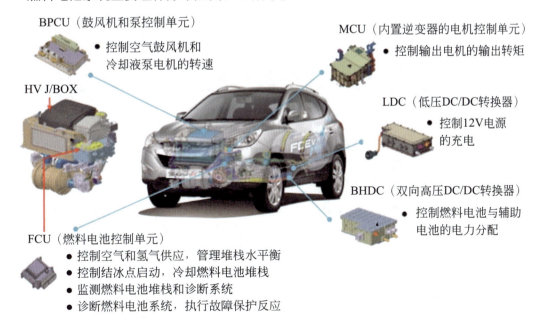

图3-59　燃料电池系统主要组件分布

燃料反应堆辅助设施（BOP）向堆栈供应空气、氢气和冷却剂。BOP包括提供空气的APS、提供氢的FPS和为燃料电池组冷却的TMS。电动机和功率控制组件包括FCU、SVM、BPCU、HV J/BOX、LDC、BHDC、逆变器、电动机和GDU。FCU是LMFC车辆中最高级别且最重要的控制器。SVM测量燃料电池堆的电压。BPCU既充当逆变器又充当控制器，从而驱动鼓风机和堆栈冷却泵。HV J/BOX分配由堆栈产生的电能。

现代ix35 FCEV具有两个DC/DC转换器。LDC（低压DC/DC转换器）为现代ix35 FCEV的12V辅助电池充电。BHDC（双向高压DC/DC转换器）更改高压电池的电压以对其进行充电或放电。现代ix35 FCEV中的高压电池电压比电池组的电压低约150V。

高压电池系统是辅助电源。高压电池系统由BMS控制。BMS监视高压电池的SOC（充电状态），并将充电或放电功率限制告知FCU。

氢存储系统是现代ix35 FCEV车辆的重要组成部分之一。储氢罐的最大氢气加气压力为7×10^7Pa。

控制器的主要功能如图3-60所示。

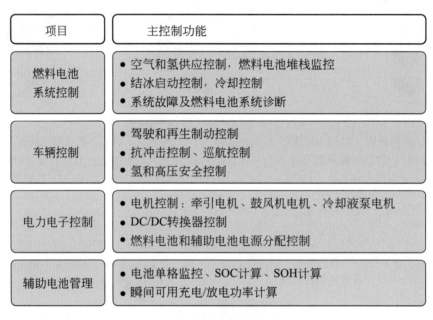

图3-60　控制器的主要功能

现代ix35 FCEV车辆中的所有控制器都通过CAN相互通信，如图3-61所示。FCU通过CAN与SVM、BPCU、FPD、HSCU、堆栈冷却液电导率传感器、比例三通阀、散热器风扇控制器和空调压缩机进行通信，以控制燃料电池系统。

FCU通过CAN与BMS和BHDC通信，以便对高压电池进行充电或放电。它通过控制LDC为12V辅助电池充电。FCU通过CAN与逆变器内的MCU通信，以控制电动机的转矩。FCU通过CAN与FPS（燃料处理系统）、氢气供应系统以及HSCU（储氢系统控制单元）进行通信。通过CAN通信，FCU与堆栈冷却液电导率传感器通信，以监控堆栈冷却液的离子电导率，并控制电动恒温器比例三通阀以调节堆栈冷却液的温度。FCU控制电动冷却液泵EWP的转速。

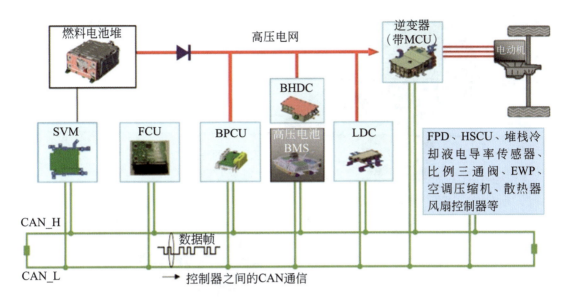

图3-61　CAN通信总线

图3-62显示了现代ix35 FCEV车辆中通过CAN通信的所有组件。基本的CAN线是C-CAN（机箱CAN）和F-CAN（FCEV CAN）。A/C压缩机和FATC通过一条独立的CAN线相互通信。集群还通过一条独立的CAN线与BCM（车身CAN模块）进行通信。

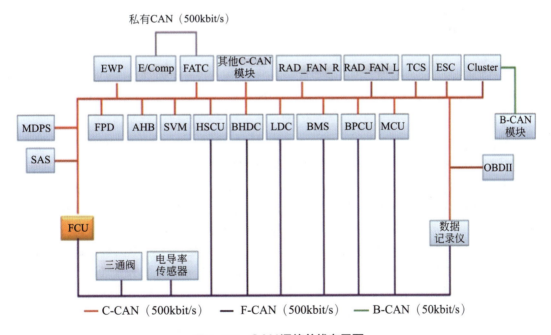

图3-62　CAN通信总线布局图

氢气供应系统的关键组件包括氢气截止阀、氢气供应阀、放气阀、集水箱（集水器）、排水阀、再循环鼓风机、燃料处理驱动器（FPD）、氢气传感器和压力传感器。部件组成如图3-63所示。

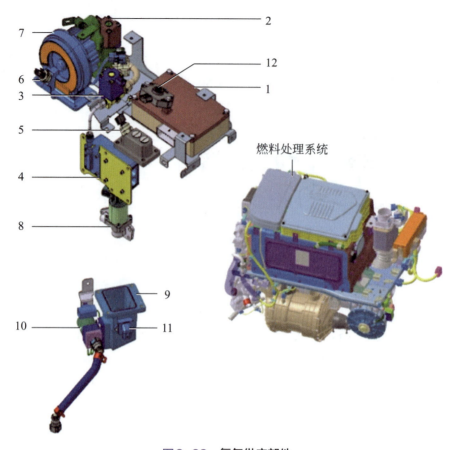

图3-63 氢气供应部件

1—燃料处理驱动器；2—氢气切断电磁阀（CV600）；3—氢气压力控制电磁阀（CV601）；4—喷射器；5—入口压力传感器（PT601）；6—出口压力传感器（PT602）；7—氢气再循环鼓风机；8—排气阀（CV610）；9—集水器；10—排水阀（CV602）；11—水位传感器；12—氢气传感器（AT600）

氢气截止阀是一个开关阀，可将氢气从氢气罐放出或切断。启动时阀门打开，点火开关关闭时阀门关闭。氢气供应阀在氢气进入堆栈之前先降低其压力，并根据堆栈电流对其进行微调。堆栈电流越高，向堆栈提供的氢气压力越高。吹扫阀用于提高堆栈中氢气的纯度。如果电池组继续消耗氢气来发电，则电池组中氢气的纯度会相应降低。当堆栈消耗一定量的氢气时，将放气阀打开约0.5s，以提高氢气的纯度。FCU发送此打开命令。FCU控制阀门将堆栈中氢气的纯度保持在一定水平之上。存水弯是一个从电池堆中的阳极收集水并将其存储的集水器。当电池组发电时，阴极会形成水蒸气。如果水蒸气达到饱和后气压或温度下降，它将变为水。由于浓度差，该水可以流到阳极。在发生此问题之前，必须将其收集并从堆栈中排出。排水阀具有此功能。

再循环鼓风机使氢气通过氢气供应管线循环。由于氢气在通过堆栈后仍残留，因此再循环鼓风机将其送回堆栈。再循环鼓风机的电源为12V，转速范围为8000～22000r/min。当堆栈电流高时，再循环鼓风机旋转得快。燃料处理驱动器（FPD）根据来自FCU的命令打开阀门。氢气传感器监控氢气泄漏，压力传感器测量电池堆内阳极的压力。燃料流向如图3-64所示。

第3章 高压电池常见类型结构

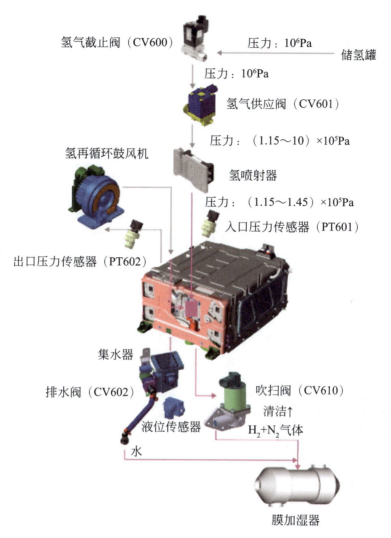

图3-64 燃料流向

必须打开氢气截止阀以向堆栈供应氢气。高压釜将储氢罐中的7×10^7Pa氢气减压至10^6Pa，并在氢气截止阀的前部待命。打开氢气截止阀后，会将10^6Pa的氢气供应给FPS。氢气通过氢气截止阀再次减压至$(1.15\sim1.45)\times10^5$Pa，然后提供给堆栈。通过堆栈后，氢气由再循环鼓风机循环以返回堆栈。再循环的氢气与新的氢气流结合在一起，新的氢气流由氢气截止阀进行减压，然后将混合物供应到堆栈中。压力传感器测量堆栈入口和出口处的氢气压力，以检查氢气是否保持在一定水平。打开放气阀，将低纯度的氢气排放到加湿器中，以增加堆栈中氢气的纯度。排出的阳极废气中的氢被空气稀释并从车辆中排放出来。阳极产生的水流向集水器。如果水位传感器检测到水达到一定水位，则打开排水阀将水排放到加湿器中。

为了发电，燃料电池堆需要氢气和氧气。如果没有空气供应，那么堆栈将无法发电。换句话说，空气供应对于堆栈是必不可少的。供气系统的关键组件包括空气过滤器、空气流量传感器、空气截止阀、谐振器和消声器、鼓风机、加湿器、排气管、温度传感器和压力传感器。

空气中含有对燃料电池堆有害的气体。空气过滤器不仅可以清除空气中的细小灰尘，还可以通过化学反应除去对堆栈有害的气体。空气截止阀可防止空气在燃料电池系统停止运行后扩散到电池堆中。空气供应系统有两个截止阀，分别安装在空气滤清器的末端和排气阀的中间。

谐振器和消声器减少了进气和排气流产生的噪声。

鼓风机是供气系统最重要的部分，它以最大42000r/min的转速旋转。

加湿器将湿气添加到供应到堆栈的空气中。水分对堆栈中氢气和空气的化学反应至关重要。

鼓风机提供的空气通过加湿器时会吸收水分。然后，湿气流入堆栈。堆栈从所供应的空气中除去氧气，并通过出气口将剩余的空气与水蒸气一起排出。

空气和水蒸气通过加湿器。加湿器从堆栈出口释放的水蒸气中收集水分，以加湿空气。

排气管引导从堆栈排出的水蒸气流向车辆的后侧。温度传感器测量供应到堆栈的空气温度，以估算其水分含量。它还测量电池堆的温度。其测量结果和冷却液温度传感器的测量结果用于防止电池组过热。

现代ix35 FCEV氢燃料电池系统供气部件如图3-65所示。

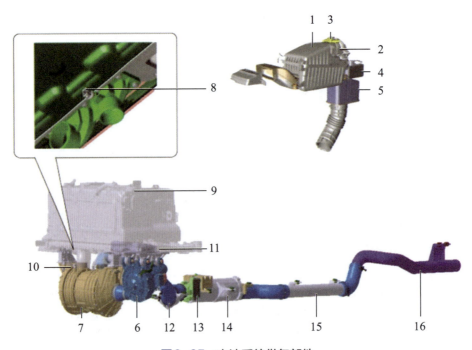

图3-65　电池系统供气部件

1—空气滤清器总成；2—进气温度压力传感器；3—空气质量流量传感器；4—进气截止阀；5—谐振器；6—鼓风机；7—加湿器；8—烟囱入口温度传感器；9—燃料电池堆组件；10—烟囱出口温度传感器；11—排烟管；12—前排风管；13—排气截止阀（ACV）；14—消声器；15—后排风管；16—尾管

BPCU（鼓风机和泵控制单元）由一个用于驱动鼓风机和堆栈冷却剂泵的逆变器和一个控制器组成。当接收到高于250V的高压时，BPCU的逆变器将其转换为三相电，然后提供给鼓风机和堆栈冷却剂泵，以驱动其转子。

对于紧凑和模块化的零件设计，BPCU安装在高压接线盒内。

供应到堆栈的空气具有两种功能。首先，它提供电池组发电所需的氧气。环境空气中约含20%的氧气。根据电化学理论，如果空气供应不足，则电池堆的电压下降。与正常输出相比，堆栈的输出可能会减少20%或更多。其次，空气帮助堆栈排放水蒸气。用完空气中的氧气后，堆栈将空气和水蒸气一起排出。如果空气供应不足，堆栈将无法有效地排出水蒸气。堆栈中残留的水蒸气可能会在冬天结冰。如果气源不足，警告灯将亮起。车辆空气供应系统工作流程如图3-66所示。

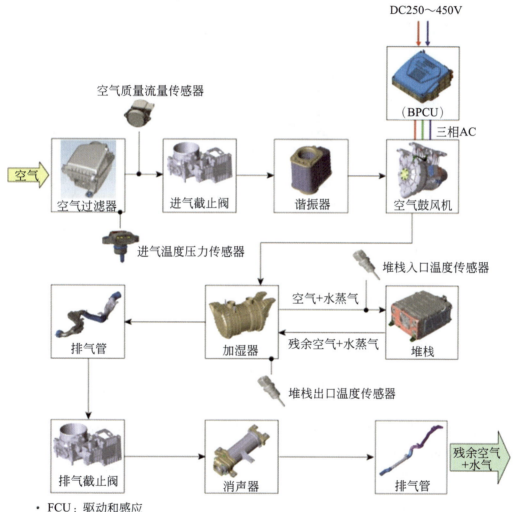

- FCU：驱动和感应
- FCU→BPCU：空气鼓风机RPM命令

图3-66 空气供应系统工作流程

当氢气和氧气在堆栈中发生反应时，它们不仅会产生电，还会产生热量。

该化学反应产生热量有两个原因：第一个原因是氢与氧之间的电化学反应是放热反应；第二个原因是电池堆具有电阻元件。

燃料电池冷却系统将堆栈内产生的热量冷却下来。

燃料电池冷却系统的关键组件包括堆栈冷却液泵、散热器和电风扇、去离子机、冷却液电导率传感器、机舱加热器芯、温度传感器和压力传感器。部件如图3-67所示。

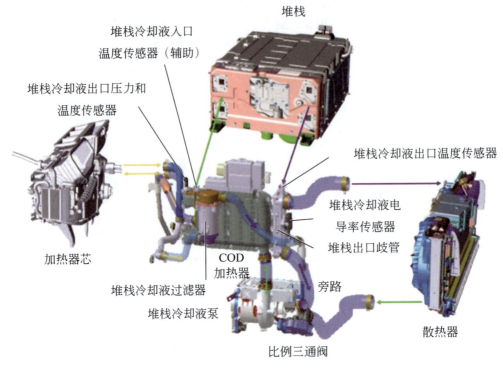

图3-67 冷却系统组成部件

堆栈冷却液泵循环冷却液并使用250V以上的高压电源。堆栈冷却液泵是由逆变器驱动的电动泵。

高压接线盒中的BPCU用作驱动泵的逆变器。FCU根据堆栈入口和出口处测得的温度控制泵的转速。

堆栈冷却液泵的最大转速为3500r/min。散热器散发来自冷却液的热量。它有两个散热器风扇，一个在左边，另一个在右边。

散热器风扇由250V高压供电。每个风扇都与模块化逆变器集成在一起。散热器风扇的最大转速约为4200r/min。

去离子器从燃料电池冷却液中除去离子。如果燃料电池冷却液中离子过多，绝缘电阻可能会降低。

冷却液电导率传感器测量冷却液的电导率，以将堆栈冷却液中的离子量保持在适当的水平。

在大多数车辆中，PTC加热器安装在机舱中以加热车辆内部。但是，在寒冷的冬天，PTC加热器可能无法充分加热机舱。

加热器冷却线会提供其他热量，这些热量是通过提高冷却液温度获得的。安装温度传感器以测量堆栈入口和出口处的冷却液温度。冷却系统工作原理图如图3-68所示。

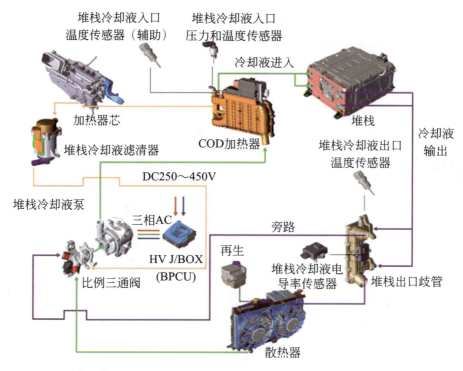

图3-68 冷却系统工作原理图

燃料电池汽车配备了180V高压电池。高压电池向电动机供电，并存储再生制动期间产生的电能。高压电池控制系统如图3-69所示。

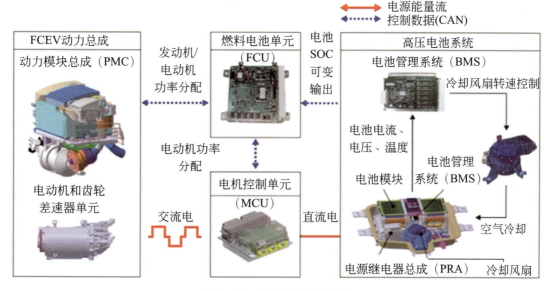

图3-69 高压电池控制系统

燃料电池电动汽车（FCEV）与汽车中的其他系统（FCU、MCU等）通信，并进行电池充电状态（SOC）检查、功率控制、自诊断、电池平衡以及对电池冷却系统的控制。

电力系统由DC 180V高压电池、转换器（HDC）、逆变器（MCU）、LDC和高压电缆组成，如图3-70所示。

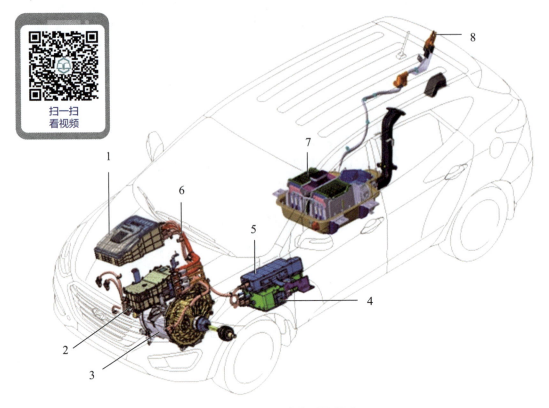

图3-70　电力系统组成

1—高压接线盒；2—电机控制单元（MCU）；3—电机和齿轮差动单元；4—高压DC/DC转换器（HDC）；5—低压DC/DC转换器（LDC）；6—高压电缆；7—高压电池系统；8—安全塞

常规车辆中使用的DC 12V电池应视为支持通用电气系统的辅助电池。或者，它可用于各种ECO命令执行。额定的180V高压电池系统应被视为完全独立于12V辅助电池的电源系统。

第4章
高压电池电控技术

EV BATTERY/MOTOR AND ELECTRIC CONTROL

4.1 高压分配系统
4.2 电池管理系统
4.3 充放电控制系统
4.4 电池温度管理系统
4.5 高压安全管理

4.1 高压分配系统

4.1.1 特斯拉 MODEL S

MODEL S 车型高压接线盒（HVJB）位于后座下方的盖板下方。它位于两个充电器之间（如果装有可选充电器），或者仅位于一个充电器的左侧。接线盒由四个螺栓固定。高压接线盒安装位置如图 4-1 所示。

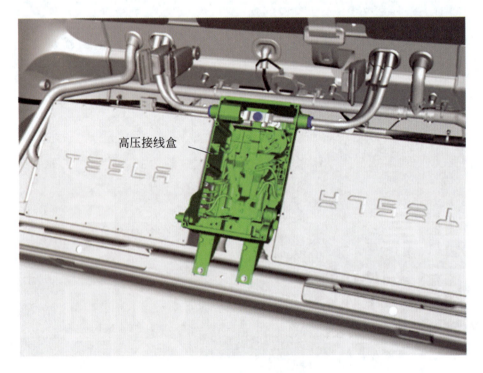

图 4-1 高压接线盒安装位置

HVJB 允许电流在 HV（高压）电池、驱动器逆变器、DC/DC 转换器、车载充电器和充电端口之间流动。取下盖子后，盖子上的 HVIL 开关应禁用 HV 系统，但始终遵循车辆电气隔离步骤并在开始工作之前确认无电压。HVJB 包含由主充电器控制的快速充电接触器，该接触器闭合以在充电端口和 HV 总线之间建立直接连接。接触器通常是打开的，只有在充电时才闭合，以使电流直接流到 HV 电池。HVJB 包含三个保险丝：每个充电器的 DC 正输出上的 50A 保险丝，以及连接到 DC/DC 转换器的 DC 正电源电路上的 100A 保险丝。高压接线盒内部组件位置如图 4-2 所示。

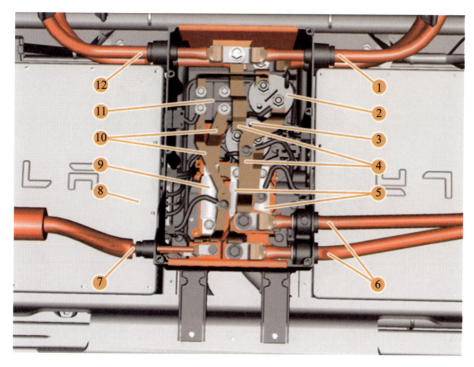

图4-2 高压接线盒内部组件

1—高压电池；2—B-接触器；3—B+接触器；4—大电流母线；5—2×50A保险丝；6—充电口；7—DC/DC转换器；8—10kW主充电器；9—100A保险丝；10—小电流母线；11—噪声过滤器；12—驱动变频器

12V电池位于右侧后备厢盖下方，花粉过滤器旁边，并通过皮带和两个螺母固定到位。12V低压电池外观如图4-3所示。

12V电池的作用是在HV系统不活动时为12V电气系统提供能源。在高压系统或DC/DC转换器发生故障的情况下，它可作为整个12V系统的能量储备，但最重要的是对车辆和安全系统的控制，包括：外部和内部照明，雨刮器和垫圈，门把手和门锁，电动助力转向，防抱死制动和稳定控制，仪器仪表。

12V电池是免维护的铅酸电池，通过HV电池和DC/DC转换器保持充电状态。

DC/DC转换器位于右前轮拱中，在轮拱上衬板的后面，用螺栓和两个螺母将其固定到位。它既连接12V电路又连接高压电路。DC/DC转换器外观如图4-4所示。

图4-3 12V电池

图4-4 DC/DC转换器外观

DC/DC转换器的作用是将电池高压DC 350～400V转换为DC 12～13V，以满足车辆的所有低压要求，并保持12V电池的电量。它还用作HV接线盒，将HV电流分配给A/C压缩机，冷却液加热器和PTC加热器。当车辆开动且接触器闭合时，DC/DC转换器提供操作整个12V电气系统所需的电流。当车辆关闭并且BMS处于待机模式（接触器打开）时，如果12V电池电压下降到12.3V以下，则网关模块会请求BMS进入支持模式。在此模式下，BMS闭合接触器并向DC/DC转换器提供电流，将12V电池保持在其标称SOC范围内。

DC/DC转换器的温度由电池冷却液环路周围的冷却液流量调节。

4.1.2 奥迪e-tron

奥迪e-tron的高压电池开关盒是用螺栓固定在高压电池上的，它包含电压测量和绝缘监测控制器、高压充电器保险丝、高压系统保险丝、高压电池电流传感器、高压电池保护电阻15Ω、高压电池接触器1 HV-正极、高压电池接触器2 HV-负极、高压电池预加载接触器HV-正极、直流充电接触器1（DC正极带充电电流保险丝）、直流充电接触器2（DC负极）、高压电池切断点火器、高压电池、高压加热器（PTC）和变压器的充电器1插头。接口分布如图4-5所示。

如果端子15接通了的话，高压电池接触器2 HV-负极和高压电池预加载接触器HV-正极就接上了。随后一个微小电流就经保护电阻流向变压器和交流驱动装置的功率电子装置。

一旦这些部件内的中间电路电容器充上了电，那么高压电池接触器1 HV-正极就接合了，而高压电池预加载接触器HV-正极就脱开了。高压电池开关盒SX6通过一个子CAN总线与电池调节控制单元和电池模块控制单元进行通信联系。只有在直流充电桩上给高压电池充电时，直流充电接触器才会接合。

如果满足下述条件，接触器就会脱开：端子15已关闭，安全气囊控制单元发送来了碰撞信号，安全气囊控制单元将碰撞信号通过单独导线发送给高压电池切断点火器，保养插头已断开，接触器端子30c的供电保险丝被拔下或者损坏了。

高压电池开关盒通过单独的导线与安全气囊控制单元相连。高压电池切断点火器是一个软件，用它对碰撞信号进行电子分析，以保证接触器脱开。该点火器并非一个实体部件，在碰撞后不必更换。

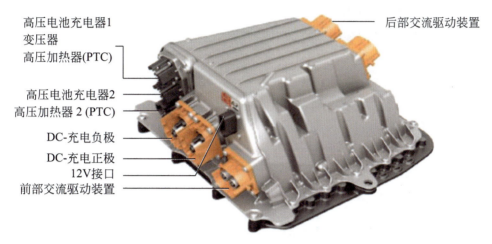

图4-5 高压电池开关盒接口分布

4.1.3 比亚迪汉DM

比亚迪汉DM电动汽车高压部件分布如图4-6所示。

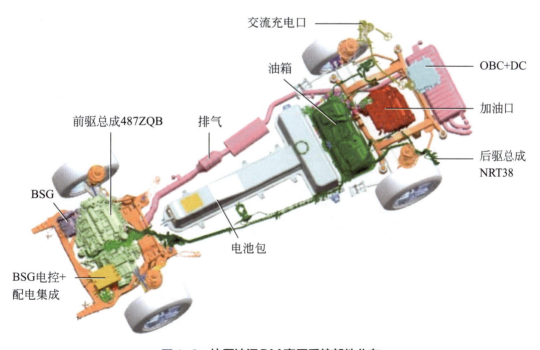

图4-6 比亚迪汉DM高压系统部件分布

比亚迪汉DM的高压系统电源分配流向如图4-7所示。

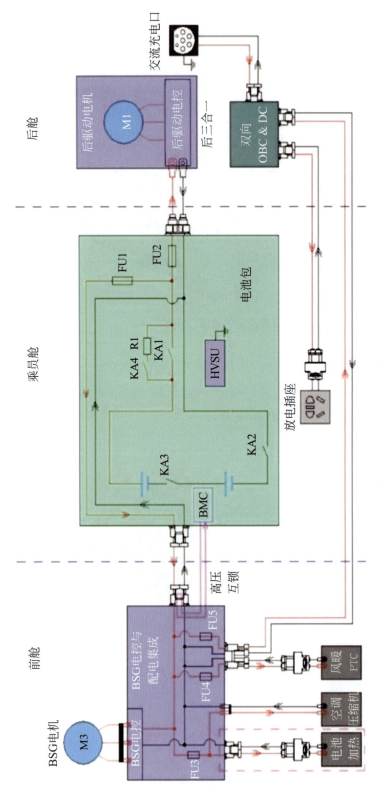

图4-7 比亚迪汉DM高压系统电源分配流向

BSG电机控制器及配电总成是控制BSG电机的装置，其由输入输出接口电路、驱动电机控制电路和驱动电路组成，主要功能是控制BSG电机给整车发电、启停、稳压，同时包括CAN通信故障处理、在线CAN烧写、与其他模块配合完成整车的工作要求以及自检等功能。总成接口分布如图4-8所示。

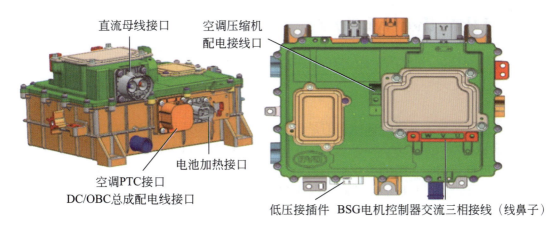

图4-8 BSG电机控制器接口

BSG电机控制器及配电总成包含BSG电机控制器、空调压缩机（AC）、电池加热器、空调PTC、DC/OBC模块的高压配电接口。配电部分集成了BSG电机保险丝、AC/电池加热器保险丝、空调PTC保险丝、DC/OBC保险丝。

双向车载充电器与DC/DC转换器集成一体，如图4-9所示，主要功能为：将电网的220V交流电转换成高压直流电给高压电池充电；将高压直流电转换成低压直流电，给整车低压负载及蓄电池供电；将高压直流电转换成家用220V交流电，给车内及车外一般家用负载供电。

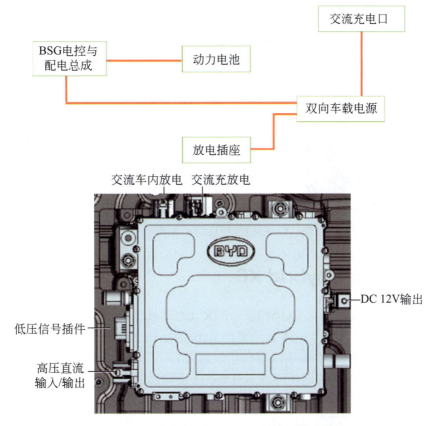

图4-9 车载充电器与DC/DC转换器集成模块

4.1.4 宝马ActiveHybrid 7

宝马 ActiveHybrid 7 的 DC/DC 转换器将电功率从高压车载网络传输到 14V 车载网络或反向传输。DC/DC 转换器的电压转换分为两种运行模式：向下转换和向上转换。原理示意图如图 4-10 所示。

向下转换（又称为下降模式）指的是由高压层面向 14V 层面转换。在这种运行模式下 DC/DC 转换器的最大功率为 2.1kW 或 150A。额定电压可通过 EME 规定在 11.0V 至 15.5V 范围内。DC/DC 转换器以 14V 的电压规定值运行，只要车辆处于运行状态，就会始终选择该运行模式。这样可以在车辆运行期间通过 DC/DC 转换器为 14V 车载网络提供电能。在此取代了以前为此所用的发电机。

向上转换（又称为助推模式）指的是由 14V 层面向高压层面转换。在这种运行模式下 DC/DC 转换器的传输功率为 0.5kW。通过这种方式可以为放电较多的高压电池充电。

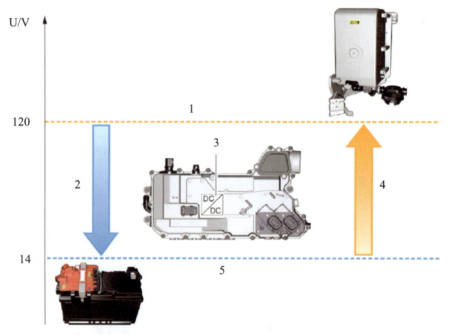

图 4-10 DC/DC 转换器的运行模式

1—120V 电压层面；2—向下转换；3—EME 内的 DC/DC 转换器；4—向上转换；5—14V 电压层面

4.1.5 宝马ActiveHybrid X6

在宝马 ActiveHybrid X6 中，APM 是一个 DC/DC 转换器，负责实现混合动力车辆两个电压层面间的能量转换。一个电压层面是约 300V 的高压车载网络，另一个是大家熟悉的 14V 车载网络。在此，DC/DC 转换器取代了以前为 14V 车载网络供应能量的发电机。因此在行驶状态下 14V 车载网络的电能供应不再取决于发动机的转速。

APM 控制单元采用双向转换器设计，即 APM 在高压车载网络和 14V 车载网络间对电能进行双向传输。系统组成如图 4-11 所示。

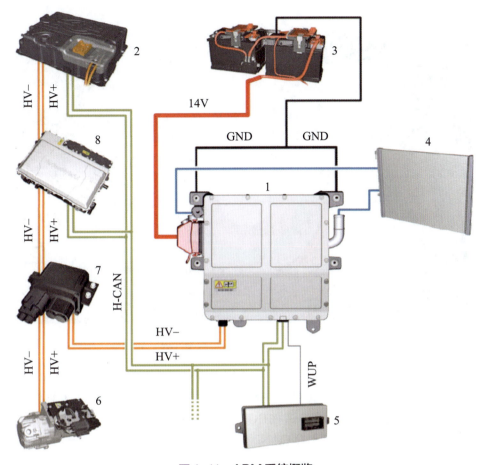

图4-11　APM系统概览

1—辅助电源模块APM；2—高压电池；3—两个12V电池（14V车载网络）；4—低温循环回路散热器；5—混合动力接口模块HIM；6—电动空调压缩机EKK；7—供电配电盒PDB；8—供电电控箱PEB；GND—接地；WUP—唤醒导线；H-CAN—混合动力CAN；HV+—高电压正极导线；HV−—高电压负极导线

APM由HCP进行控制，HCP是PEB（供电电控箱）的一个组成部分。APM无法独立接通电压转换功能。

HCP向APM发出指令：接通或关闭转换功能、转换方向（高压至14V或14V至高压）、调节额定电压。之后，APM根据自诊断数据和自己测定的参数决定是否能够接通转换功能。运行期间，APM会尝试通过将电流增大至技术上允许的最大限值来调节各电压层面的额定电压。APM无法降低车载网络内的电压，例如将14V车载网络内的电压降至11V。但当相关电压层面的实际电压高于APM额定电压时，APM可将电流降至0A，这样不会发生任何能量转换。APM有一个被动放电电路，它可在关闭高压供电后5s内使APM内的电容器放电，直至电压值低于60V。如果识别出故障，APM就会自动关闭转换功能。

PEB是供电电控箱的缩写，指的是在宝马ActiveHybrid X6上用于控制和调节混合动力专用组件的控制单元。PEB控制所有运行状态下的高压车载网络、电动机双向能量流动、两个电动机的转速和转矩以及电动混合动力机油泵控制系统（电动机泵换流器）。PEB部件位置与外观如图4-12所示。

图4-12　PEB部件位置与外观

PEB是由四个微控制器（控制单元）构成的中央双向高压混合动力控制单元。这四个控制单元分别是HCP、MCPA、MCPB和EMPI。各控制单元在诊断期间单独注册，EMPI和MCPA、MCPB的故障代码记录存储在HCP故障代码存储器内。PEB内的控制单元与车辆其他控制单元之间通过H-CAN和H-CAN2独立通信。

PEB内的四个控制单元执行以下功能：

HCP：协调混合动力系统的所有中央功能，选择挡位，计算发动机、电动机和底盘间的力矩分配，监控整个系统。

MCPA：根据HCP要求计算电动机A调节方式。

MCPB：根据HCP要求计算电动机B调节方式。

EMPI：控制混合动力机油泵电机。

除这四个控制单元外，PEB还包括用于控制两个电动机的两个脉冲变流器（AC/DC转换器）的供电电子装置、用于电动控制混合动力机油泵的一个脉冲变流器（AC/DC转换器）、作为中间电压电路的一个电容器（1mF）和用于所有四个控制单元的外部硬件。

其他功能：调节高压车载网络；在传动系统电动机和高压系统之间双向分配和传输能量；使车辆高压受控放电；对高压车载网络进行过滤；高压与车辆接地的绝缘和绝缘监控；诊断功能和组件自保护；调节电动机的转矩、转速；控制和调节混合动力机油泵；预充电模式，用于启动高压系统。PEB原理结构如图4-13所示。

供电配电盒PDB也是一个高压组件，用于由PEB向APM以及电动空调压缩机EKK分配电压，部件安装位置如图4-14所示。在PDB内装有两个高压保险丝。20A保险丝用于保护连接APM的高压导线，40A保险丝用于保护连接EKK的高压导线。高压保险丝均保护高压正极导线。内部高压保险丝电路如图4-15所示。

第4章 高压电池电控技术

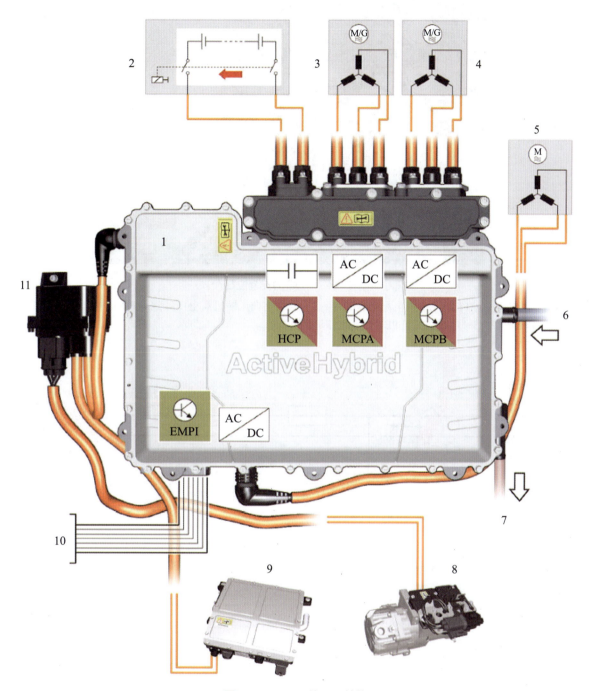

图4-13 PEB的原理结构

1—供电电控箱PEB；2—高压电池；3—电动机B；4—电动机A；5—电动变速箱油泵；6，7—冷却液循环回路接口；8—电动空调压缩机EKK；9—辅助电源模块APM；10—12V供电、H-CAN、H-CAN2等接口；11—供电配电盒PDB；HCP—混合动力控制器处理器（混合动力主控制单元）；MCPA—电动机控制器套件A（混合动力电动机控制装置）；MCPB—电动机控制器套件B（混合动力电动机控制装置）；EMPI—电动机泵换流器（混合动力机油泵控制系统）

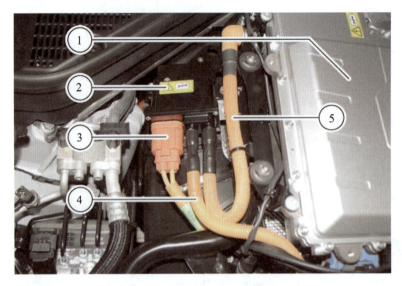

图4-14 PDB的安装位置

1—供电电控箱PEB；2—供电配电盒PDB；3—电动空调压缩机高电压导线与PDB的接口；4—APM高电压导线接口；5—连接PEB至PDB的高电压导线

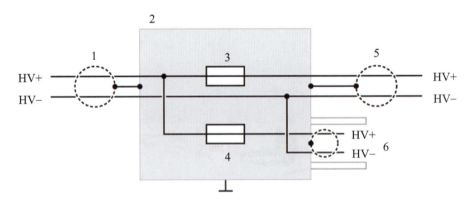

图4-15 PDB内部高压保险丝的电路图

1—导线屏蔽层；2—供电配电盒PDB；3—APM的高压保险丝（20A）；4—EKK的高压保险丝（40A）；5—导线屏蔽层；6—EKK连接插口

4.2 电池管理系统

4.2.1 奥迪e-tron

奥迪e-tron在一个电池模块控制单元上连接有三个电池模块。电池模块控制单元的功能如下：测量三个电池模块的电压（V），测量电池格的温度，平衡电池格组。

电池模块控制单元通过子CAN总线与电池调节控制单元高压电池开关盒进行通信。电池调节控制单元安装在车内的右侧A柱上，如图4-16所示，其功能如下：确定高压电池的充电状态，确定并监控允许的充电电流和放电电流（在电动行驶时、在发电机模式时以及在能量回收时）以及电池充电的电压和电流，估算高压电池开关盒所测得的高压系统内的绝缘电阻，监控安全线，估算电池格电压及平衡情况，把要求高压电池加热的指令发给温度管理控制单元，按温度管理控制单元提供的参数来激活高压电池冷却液泵，在发生碰撞时促使接触器脱开。

图4-16 电池调节控制单元安装位置

电池调节控制单元通过子CAN总线与高压电池和电池模块进行通信。

所谓平衡（也叫平差），就是通过一个电阻来让这个电池格放电，以便能继续充电，直至所有电池格都达到同样的充电水平。这样的话，才能让高压电池达到最大容量。

为此，电池调节控制单元会比较电池格组的电压。如果电池格组的电池格电压较高，相应的电池模块控制单元就会接收到平衡信息。在高压电池充电时，电压差高于约1%时，就会执行这种平衡过程。在"端子15关闭"后，电池调节控制单元会检查是否需要进行这种平衡，必要的话就启动这个平衡过程。这个时候只有子CAN总线上的控制单元是激活的。在充电状态高于30%时才会执行这个平衡过程。在图4-17所示的示例中，某个电池格已充电至100%且充电过程已经结束了，但高压电池仅充电至92.5%。

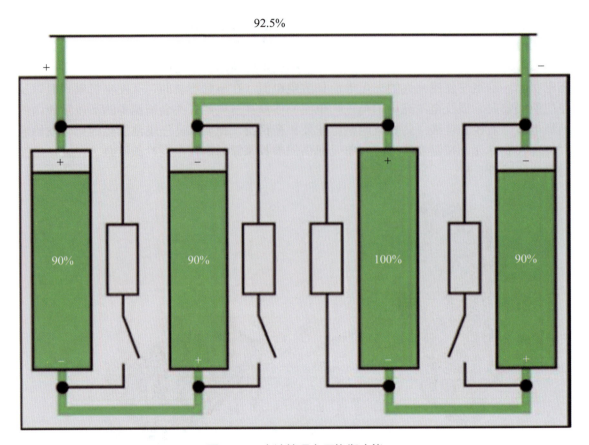

图4-17 电池管理电压均衡功能

在高压系统处于激活状态时,高压电池开关盒每隔30s就会进行一次绝缘检查。用当前电池电压来测量高压导体和高压电池壳体之间的绝缘电阻,能检测到高压系统部件和导线上非常小的绝缘电阻。高压电池充电插座内的AC-接口、高压电池充电器内的AC/DC逆变器就不进行这种检查了,因为高压系统充电插座有电流隔离作用。

开关盒会把绝缘电阻值发送给电池调节控制单元以便分析。如果识别出的绝缘电阻非常小,那么该控制单元会通过混合动力CAN总线把一个信息发送给数据总线诊断接口。诊断接口经组合仪表CAN总线让组合仪表内控制单元工作,这样就可以把信息显示在组合仪表显示屏上给司机看了。如果出现的是黄色的警告信息,那么司机可以开车继续行驶且可以再次激活驱动系统。如果这个绝缘电阻值过小了,那么出现的就是红色警告信息,这时可以结束行驶,且无法再次激活驱动系统了。

4.2.2 宝马i3

为确保宝马i3所用锂离子电池正常运行,必须遵守特定边界条件:电池电压和电池温度不允许低于或高于特定数值,否则可能导致电池持续损坏。因此高压电池单元内带有8个研发名称为电池监控电路CSC的电池监控电子装置,如图4-18所示。在宝马i3高压电池单元内,每个电池模块都有一个电池监控电子装置。

第4章 高压电池电控技术

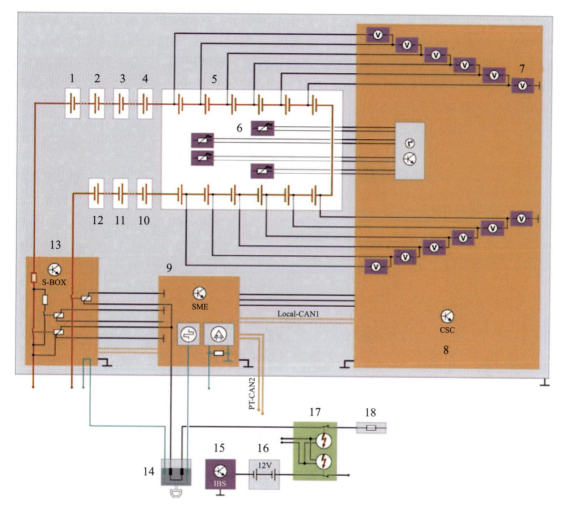

图4-18 宝马i3的电池监控电子装置

1—电池模块1；2—电池模块2；3—电池模块3；4—电池模块4；5—电池模块5；6—电池模块上的温度传感器；7—电池电压测量；8—电池监控电子装置；9—蓄能器管理电子装置；10—电池模块6；11—电池模块7；12—电池模块8；13—安全盒；14—售后服务断电开关；15—智能型电池传感器；16—12V电池；17—安全型电池接线柱；18—前部配电盒

电池监控电子装置执行以下任务：测量和监控每个电池的电压，测量和监控电池模块多处的温度，将测量参数传输至SME控制单元，执行电池电压补偿过程。

电池监控电子装置以较高扫描率（每20ms测量一次）测量电池电压。通过测量电压可以判断充电过程或放电过程是否结束。温度传感器安装在电池模块上，根据其测量值可确定各电池的温度。借助电池温度可以判断是否过载或有电气故障。出现以上任一种情况时必须立即降低电流强度或完全关闭高压系统，以免电池进一步损坏。此外，测量温度还用于控制冷却系统，从而确保电池始终在最有利于自身功率和使用寿命的温度范围内运行。由于电池温度是一个重要参数，因此每个电池模块装有四个NTC温度传感器，其中两个是另外两个的冗余装置。

电池监控电子装置通过局域CAN 1传输其测量值。该局域CAN 1使所有电池监控电子装置相互连接并与SME控制单元相连，如图4-19所示。在SME控制单元内对测量值进行分析并根据需要做出反应（例如控制冷却系统）。局域CAN 1和2的传输速度为500kbit/s。与采用相同传输速度的CAN总线一样，总线导线采用绞线形式。此外，两个局域CAN端部采用终端形式。局域CAN 1两端的120Ω的终端电阻位于SME控制单元内。局域CAN2两端的120Ω的终端电阻位于SME控制单元内和安全盒控制单元内。

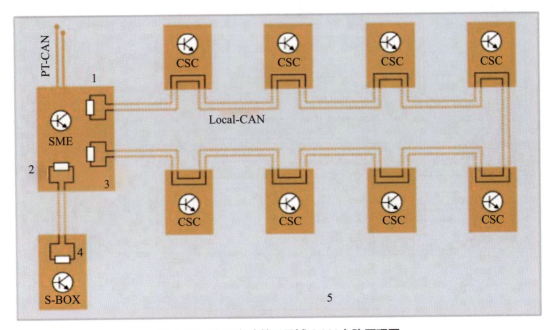

图4-19　高压电池单元局域CAN电路原理图

1—SME控制单元内的局域CAN1终端电阻；2—CSC控制单元内的局域CAN2终端电阻；3—高压电池单元；4—安全盒内的局域CAN 2终端电阻；5—SME控制单元内的局域CAN 2终端电阻

　　如果一个或多个电池的电压明显低于其他电池，高压电池的可用能量容量就会因此受限。因此放电时由"最弱"电池决定何时停止释放能量。最弱电池的电压降至放电限值时，即使其他电池还存有充足能量也必须结束放电过程。如果仍继续放电，会造成最弱电池损坏。因此需要将电池电压调节至几乎相同的水平，该调节过程也称"电池对称"。

　　为此SME控制单元将所有电池电压进行相互比较。在此过程中对电压明显高于其他的电池进行有针对性的放电。SME控制单元通过局域CAN1将相关请求发送至这些电池的电池监控电子装置，从而启动放电过程。为此每个电池监控电子装置都针对各电池带有一个欧姆电阻，相应电子触点闭合后放电电流就会流过该电阻。启动放电过程后由电池监控电子装置负责执行该过程，在主控制单元切换为休眠模式的情况下继续执行该过程。通过与总线端30F直接相连的蓄能器管理电子装置为CSC控制单元供电来实现这一过程。所有电池的电压处于规定的较小范围内时，放电过程就会自动结束。电池对称继续进行，直至所有电池达到相同电压水平。电路工作原理如图4-20所示。

　　平衡电池电压的过程会造成损失，但损失的电能非常小（小于0.1% SOC）。而优势在于可使可达里程和高压电池使用寿命最大化，因此总体而言平衡电池电压非常有用而且十分必要。当然只有车辆静止时才会执行该过程。平衡电池电压的具体条件是：总线端15关

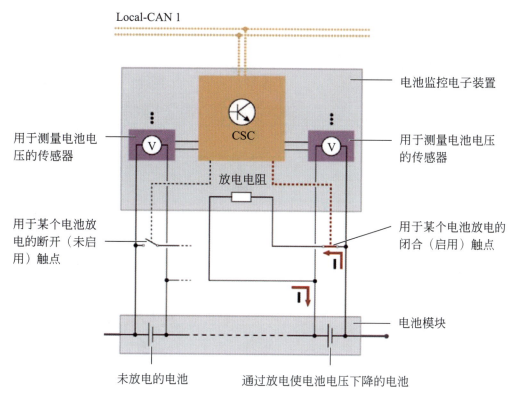

图4-20 电池电压平衡电路原理

闭且车辆或车载网络处于休眠状态,高压系统已关闭,电池电压或各电池SOC的偏差大于相应限值,高压电池的总SOC大于相应限值。

满足上述条件时,就会自动进行电池电压平衡。因此客户既看不到检查控制信息,也无需为此进行特殊操作。即使更换电池模块后,SME控制单元也会自动识别出电池电压平衡需求。

4.2.3 宝马X5 xDrive40e

除汇集在6个电池模块内的电池本身外,宝马X5 xDrive40e的高压电池单元还包括以下电气/电子部件:蓄能器管理电子装置SME控制单元,6个电池监控电子装置(电池监控电路CSC),带接触器、传感器、过电流保险丝和绝缘监控的安全盒。

除电气组件外,高压电池单元还包括制冷剂管路、冷却通道以及电池模块的机械固定元件。在高压电池单元内装有一个控制单元即蓄能器管理电子装置SME,如图4-21所示。高压电池单元电路图如图4-22所示。

图4-21 高压电池内部的SME

EV BATTERY/MOTOR AND ELECTRIC CONTROL
电动汽车电池、电机与电动控制

图4-22 高压电池单元系统电路图

1—安全盒（S盒）；2—接触器；3—电流和电压传感器；4—绝缘监控；5—主电流保险丝（350A）；6—电池模块；7—电池监控电子装置（电池监控电路CSC），制冷剂管路；8—制冷剂管路温度传感器；9—蓄能器管理电子装置SME；10—高压触点监控电路控制装置；11—高压安全插头（售后服务断电开关）；12—制冷剂管路的膨胀和截止组合阀；13—车身域控制器BDC；14—带有触发安全型电池接线柱的控制导线的ACSM；15—智能型电池传感器IBS；16—12V电池；17—安全型电池接线柱SBK

　　为确保锂离子电池正常运行，必须遵守特定边界条件：电池电压和电池温度不允许低于或高于特定数值，否则可能导致电池持续损坏。因此高压电池单元带有6个研发名称为电池监控电路CSC的电池监控电子装置。

　　高压电池单元内的每个电池模块都有一个电池监控电子装置。与宝马i8不同，电池监控电子装置经过相应改进后可对16个电池进行监控，如图4-23所示。

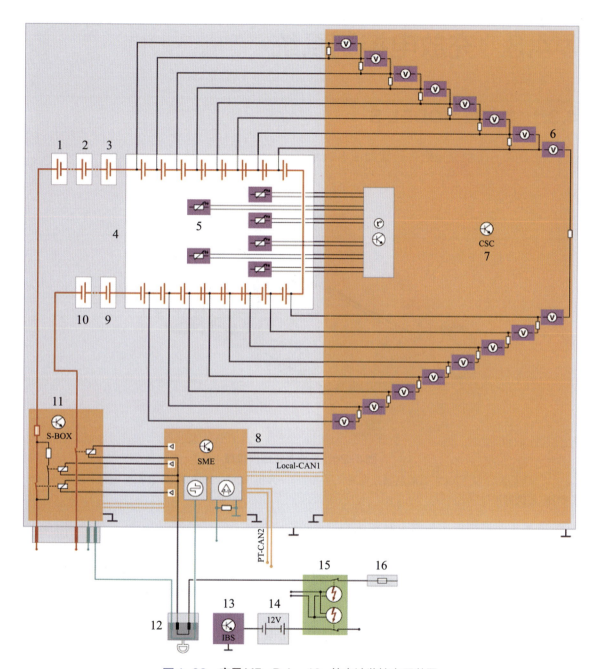

图4-23 宝马X5 xDrive40e的电池监控电子装置

1—电池模块1；2—电池模块2；3—电池模块3；4—电池模块4；5—电池模块上的温度传感器；6—电池电压测量；7—电池监控电子装置4；8—蓄能器管理电子装置SME；9—电池模块5；10—电池模块6；11—安全盒（S盒）；12—高压安全插头（售后服务断电开关）；13—智能型电池传感器IBS；14—12V电池；15—安全型电池接线柱SBK；16—前部配电盒

4.3 充放电控制系统

4.3.1 特斯拉 MODEL S

MODEL S 车型充电组件位置如图 4-24 所示。

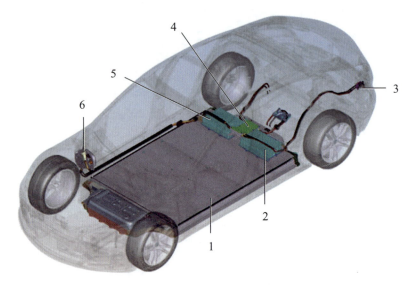

图 4-24 充电系统组件位置

1—高压电池；2—10kW 板载从属充电器（可选）；3—充电口；4—接线盒；5—10kW 车载主充电器；6—DC/DC 转换器

高压系统原理框图如图 4-25 所示。

MODEL S 车型由电动机驱动，电动机由高压（HV）电池供电。早期车型 HV 电池容量有 40kWh、60kWh、85kWh 等几种。必须通过将车辆连接到外部电源定期对 HV 电池充电。

如果 12V 电池和 HV 电池都已完全放电，则必须先对 12V 电池充电，以便打开充电端口。

高压电池仅在其温度在预定范围内时才能充电。如果电池温度超出正常工作范围，可能会降低充电电流或完全禁止充电，直到温度恢复正常为止。

不使用车辆时，应将其连接至充电设备。这样可以确保车辆电池始终充满电并且可以使用。

MODEL S 车型标配移动连接器和可插入以下信号源的适配器：240V 壁装电源插座（NEMA 14-50）；标准 110V 壁装电源插座（NEMA 5-15）；公共充电站（J1772）。

可以在客户的车库中安装可选的大功率墙壁充电连接器，这使配备有两个车载充电器的汽车的充电速度是使用单个车载充电器的汽车的 2 倍。

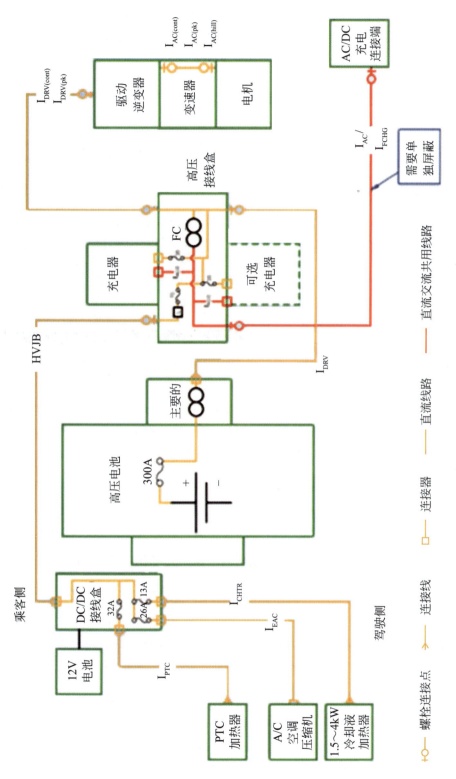

图4-25 高压系统原理框图

为了方便长距离驾驶，所有配备85kWh电池的汽车均可使用增压充电，而配备60kWh电池的汽车则可选择是否使用增压充电。超级充电器输出直流电（DC）并以比其他充电连接器更快的速度为电池充电，几乎是HPWC（大功率墙壁充电连接器）和双充电器的3倍。

充电器和接线盒组件连接如图4-26所示。

车载充电器外观如图4-27所示。

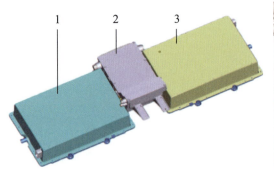

图4-26 充电器与接线盒组件

1—10kW车载主充电器；2—高压接线盒；
3—10kW板载从属充电器（可选）

图4-27 车载充电器外观

车载充电器位于后座垫下方。右侧主充电器适用于所有汽车。某些型号的左侧可能装有可选的从属充电器。每个充电器通过四个螺栓和螺母固定在底板上。

如果从属充电器发生故障，根据故障的性质，电池可能仍可以充电。如果主充电器发生故障，则无法充电。

标准的10kW车载充电器与以下输入范围兼容：85～265V，45～65Hz，1～40A，峰值充电器效率为92%。可选的20kW双板载充电器将输出容量提高到80A。

从外部交流电源充电时，车载充电器会根据现有条件将交流电转换为直流电，并控制流向HV电池的充电电流，以确保HV电池以适当的速率充电并充电到正确的SOC。

> **注意：**
>
> 在直流充电过程中，没有电流流过车载充电器。但是，主充电器对于该过程仍然至关重要，因为它可以控制HV接线盒内的快速充电接触器。

车载充电器的温度由热管理系统调节，该系统控制冷却液通过动力总成冷却回路的流量。

通过触摸顶部状态栏中的电池图标或打开充电端口，可在触摸屏上访问充电设置屏幕，如图4-28所示。如果关闭了充电设置屏幕，可再次触摸电池图标将其恢复。

> **注意：**
> 重复使用"最大范围"设置会缩短车辆电池的寿命。

标准设置为车辆充电时间提供了最佳选择。HV电池的电量约为其总容量的90%，这有助于最大限度地延长电池寿命。

最大范围设置将高压电池充电至最大容量。车辆一次充电即可达到最大续航里程。

充电电流会自动设置为从所连接的充电设备获得的最大值，除非先前已将其减小到低于可用最大值的值。可以使用向上或向下箭头键更改当前水平。

图4-28　屏幕显示

> **注意：**
> 充电电流设置不能超过充电连接器的最大可用水平。

降低电流水平可防止布线电路过载。如果是从家用墙壁插座充电的，该插座可能与其他连接的设备处于共享电路中，或者额定电流低于充电连接器的当前容量，则此功能特别有用。下次将车辆连接到充电电缆时，会自动记住减小的充电电流。如果要在其他位置充电，则必须手动更改该位置的充电电流。减小充电电流会增加车辆充电所需的时间。

车外充电设备有三种：便携式移动充电连接器（UMC），大功率墙壁充电连接器（HPWC），特斯拉超级充电器（DC）。

UMC配备了适配器，可插入最常见的240V插座、标准120V壁装插座。UMC每小时可提供高达10kW的功率或31miles❶的续航里程。

HPWC和双充电器每小时可提供高达20kW的功率或62miles的续航里程。

Tesla超级充电器可以在30min内提供高达90kW的功率或约150miles的续航里程。

使用便携式移动充电连接器注意事项：在室外给车辆充电时，切记在离开车辆之前将其锁定。充电端口指示灯熄灭，但是在激活安全系统的情况下车辆继续充电。如果电源插座无法提供便携式移动充电连接器（UMC）所需的电流，则保护电源插座的断路器可能会跳闸。如果发生这种情况，请通过触摸屏降低最大电流限制。

---

❶ 1mile = 1.6km。

图4-29 UMC上的指示灯

便携式移动充电连接器UMC的设计具有更大的灵活性，长途行驶时，可以使用移动充电器连接标准壁装电源插座为车辆充电。它足够小，可以随身携带。它在AC110～240V上工作，连接到240V/50A电源时，最大充电电流为40A。连接到110V/15A电源时，最大充电电流为12A。

UMC有许多彩色的灯，如图4-29所示。通过观察指示灯闪烁位置和闪烁次数可以快速识别充电过程中的任何问题。

特斯拉超级充电器实物与电气连接如图4-30所示。

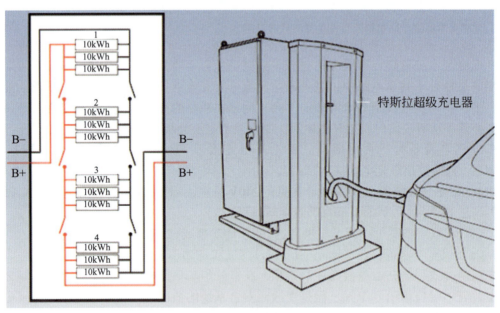

图4-30 特斯拉超级充电器

特斯拉超级充电器能在超出单次充电范围的旅途中为MODEL S迅速充电。超级充电器不适合日常使用，频繁使用会导致HV电池寿命轻微减少。

对于85kWh的电池，超级充电器可以在30min内提供150miles的续航里程。

> **注意：**
> 超级充电器的兼容性取决于MODEL S配备的电池型号。
> 85 kWh：标准　　　60 kWh：可选　　　40 kWh：不可用

Tesla超级充电器的总输出功率为120kW，每个车辆连接器最大输出功率为90kW（225A，400V）。

超级充电器使用与MODEL S相同的车载充电器。超级充电器包含四组，每组三个10kW充电器，共30kW。30kW组并联放置，但没有硬接线。每个组均独立切换，最多可以将三个组组合在一起，以在一个连接器上提供高达90kW的功率，在另一个连接器上提供30kW的功率。这些组也可以成对组合，以在每个连接器上提供高达60kW的功率。如果同时连接两个轿厢，则可以动态响应充电需求。随着一辆车上的SOC升高，电流将逐渐减小，如果需要，超级充电器可以根据每辆车各自的SOC来增加流向另一辆车的电流。

充电时间根据电源插座提供的电压和电流而有所不同。使用40A/240V电源插座进行充电，每小时可充电约31miles。充电时间还取决于环境温度和车辆的HV电池温度。如果电池不在充电的最佳温度范围内，则热管理系统会在开始充电之前加热或冷却电池。

长时间停用MODEL S可能会出现HV电池平均每天放电1%这种情况。在这种情况下，要确保电池电量充足。例如，在两周的时间里（14天），电池放电约14%。将电池放电至0%可能会永久损坏电池。

为了防止完全放电，当电量下降到5%时，MODEL S会进入低功耗模式。在此模式下，电池停止支持车载电子设备，以将放电速率降低到约4%每月。

一旦启用了这种低功耗模式，请务必在两个月内给汽车充电，以免损坏电池。

> **注意：**
> 当低功耗模式处于活动状态时，辅助12V电池不再供电，并且可以在12h内完全放电。万一发生这种情况，在为MODEL S充电之前，必须立即启动或更换12V电池。

可以使用交流电源或直流电源为MODEL S充电。电流进入HVJB后遵循的路径对于交流和直流充电而言是不同的。直流充电速度更快，因为它可以提供的电流几乎是交流电的3倍。

车辆通过CAN通信与BMS识别何时连接了交流充电源。从交流（AC）电源充电时，电流通过连接器流向充电端口。它从充电端口传递到HVJB，然后通过母线路由到车载充电器。充电器将AC转换为DC，并向HV电池供电。交流充电电路原理如图4-31所示。

如果汽车配备了双充电器并连接到HPWC，则输出将增加一倍，达到20kW。随着电池SOC的增加，充电电流逐渐减小。

车辆使用超级充电器提供给BMS的CAN信号识别何时连接了直流充电源。该信号采取导频信号上5%占空比波形的形式（由超级充电器产生）。BMS将CAN消息发送到主充电器，然后主充电器关闭HVJB内部的一组接触器。直流充电原理框图如图4-32所示。

电流从超级充电器通过连接器流到充电端口。它从充电端口进入HVJB，然后通过闭合的接触器布线，向HV电池供电。

超级充电器会增加电压和电流输出，以高达90kW的电量为电池充电，随着电池充电状态的增加电压和电流输出会逐渐减小。

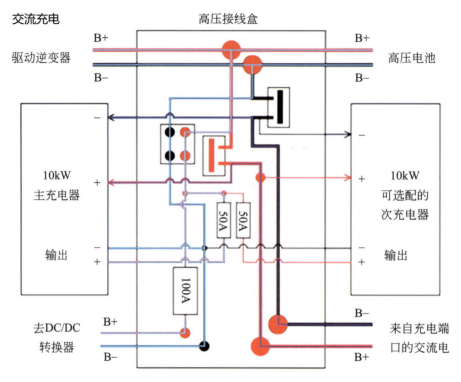

图4-31 交流充电电路原理框图

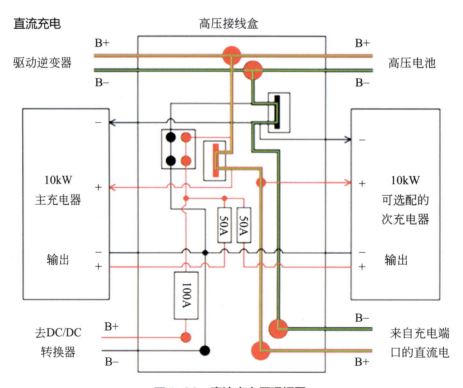

图4-32 直流充电原理框图

4.3.2 奥迪 e-tron

奥迪 e-tron 可用交流（AC）或者直流（DC）来给高压电池充电。充电插座上的交流接口（AC）连接在高压电池充电器上。充电插座上的直流接口（DC）连接在开关盒上，直流电就直接输入到高压电池内了。在充电器内，交流转换为直流，并通过开关盒输入到高压电池内。充电系统部件连接示意图如图 4-33 所示。

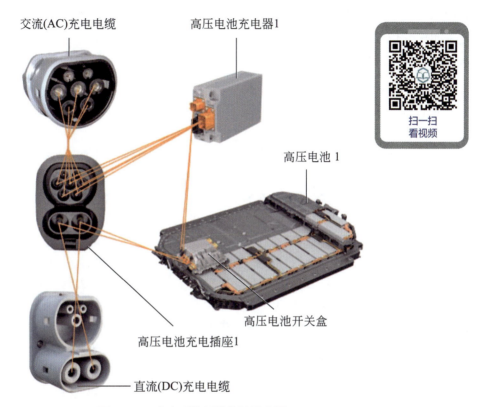

图 4-33　充电系统部件连接示意图

（1）交流（AC）充电工作流程

车上的充电器按照电池调节控制单元预设参数将交流（AC）转换为直流。在充电过程中，电压大小和电流大小始终在调整中。充电器（AX4）的充电功率是 11kW，两个充电器加一起（AX4 和 AX5）的充电功率是 22kW。

在插上车辆的充电插头时，车辆首先通过触点 PE 与电源的地线（保护线）相连。随后是触点 PP 接触上，充电器通过触点 PE 和 PP 之间的电阻 1 识别出插头并拉紧驻车制动器，随后 L 相与零线就接触上了。最后，触点 CP 接触上，电源与车辆之间的通信开始了，充电插头也被锁定了。如果通信成功了，那么高压系统就被激活了，充电就开始了，模块上的 LED 呈绿色在跳动。

电源会提供最大电流强度信息。电池调节控制单元规定充电器的充电电压和充电电流、监控充电过程并更新这些规定值。充电过程结束，高压电池内的接触器就脱开了。

如果LED呈黄色亮起，说明没有识别出有电的电源。如果LED没亮起，说明没有识别出插头。

变压器安装在车辆的右前部，采用冷却液循环冷却。该变压器负责将高压电池的396V直流电压转换成车载电网用的12V直流电压。传输是通过线圈感应（电流隔离）实现的。因此，高压系统与12V车载电网之间是没有导电连接的。

变压器通过开关盒SX6内的一个保险丝连接在高压电池上。该变压器的功率高达3kW。如果车辆长期停放不用且高压电池有足够的电的话，那么会给12V电池充电。

这个充电过程是会自动启动的。启动后高压系统就处于激活状态了，高压部件也都带电了。变压器通过一根等电位线与车身相连。中间电路电容器会主动或者被动放电。

（2）直流（DC）充电工作流程

用直流（DC）来充电的话，高压电池直接与电源相连。为此需要按照电池调节控制单元的规定值来匹配充电电压和充电电流。

车辆方面的充电功率是受高压电池限制的，最大可达150kW。这时的充电器仅起与电源进行通信的作用。

在插上车辆的充电插头时，车辆首先通过触点PE与电源的地线（保护线）相连。随后是触点PP接触上，充电器通过触点PE和PP之间的电阻2识别出插头并拉紧驻车制动器。随后DC+和DC-就接触上了。最后，触点CP接触上，电源与车辆之间的通信开始了，充电插头也被锁定了。如果通信成功了，那么高压系统就被激活了，直流接触器就接合了，充电就开始了，模块上的LED呈绿色在跳动。电源将最大电压和电流信息发给充电器。

电池调节控制单元J840规定充电器的充电电压和充电电流、监控充电过程并更新这些规定值。充电过程结束，直流充电接触器和高压电池内的接触器就脱开了。

如果LED呈黄色亮起，说明没有识别出有电的电源。如果LED没亮起，说明没有识别出插头。

变压器安装在车辆的右前部，采用冷却液循环冷却。该变压器负责将高压电池1 AX2的396V直流电压转换成车载电网用的12V直流电压。传输是通过线圈感应（电流隔离）实现的。因此，高压系统与12V车载供电网之间是没有导电连接的。

变压器通过开关盒内的一个保险丝连接在高压电池上。该变压器的功率高达3kW。如果车辆长期停放不用且高压电池有足够的电的话，那么会给12V电池充电。

这个充电过程是会自动启动的。启动后高压系统就处于激活状态了，高压部件也都带电了。变压器通过一根等电位线与车身相连。中间电路电容器会主动或者被动放电。变压器外观与接口如图4-34所示。

在配备有第二个AC-充电插座或者第二个高压电池充电器的车上，充电插座和充电器是通过高压充电网配电器SX4连接的，配电器接口如图4-35所示。

图4-34　DC/DC变压器外观与接口

图4-35 配电器接口

这两个充电器安装在车辆前部，在前部电驱动装置电机的前上方。充电器2是选装的，充电功率为22kW。

三个整流器将操纵单元或充电桩上的交流电压转成直流电压给高压电池充电。每个整流器的最大工作能力为16A。充电电流分配取决于实际的充电电流。传输是通过线圈感应（电流隔离）实现的。因此，交流电网与车上高压系统之间是没有导线连接的。充电器连接在高压电池开关盒上。充电电流是通过开关盒内的一个保险丝输送到高压电池的。采用冷却液循环冷却。

充电器通过一根等电位线与车身相连。中间电路电容器会被动放电。集成的高压电池充电器控制单元和高压电池充电器控制单元2连接在混合动力CAN总线上。高压电池充电器控制单元是主控制器，高压电池充电器控制单元2是从控制器。与奥迪e-tron充电系统或者充电桩的通信是通过CP和PE接口用PWM信号或者动力线来进行的。充电器外观及接口如图4-36所示。

在通过CHAdeMO或者China-DC-充电插座用直流电来充电时，采用CAN总线与充电桩通信。在直流充电时，整流器就不工作了。充电和空调的时间设置存储在高压充电器控制单元内。

图4-36 充电器外观及接口

在高压部件上，HV-正极和HV-负极之间装有一个电容器，它用作蓄能器和电压稳定器。另外，电容器上还并联一个电阻，该电阻在点火开关关闭时会让电容器放电。在点火开关关闭时，某些高压部件上的电容器由一个开关和电阻进行主动放电。电容放电电路如图4-37所示。

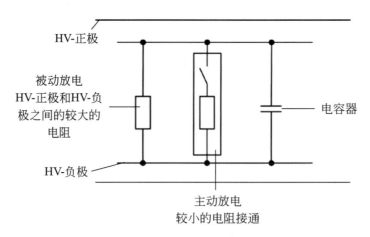

图 4-37 电容放电电路

4.3.3 江淮 iEV6/iEV7

江淮 iEV6/iEV7 车辆具有交流充电和直流充电两种功能。其中交流充电包括充电桩充电和家用电源充电两种方式，每种充电方式均可选择普通充电、长程充电、长寿命充电和低温充电四种模式，如表 4-1 所示。

表 4-1 车辆充电模式

充电模式		说明	电量水平	充电时间
交流充电模式	普通充电	定时开关没有被设置时，充电插头与充电插座连接完成后立即开始充电	100%	8h（25℃）
	长程充电	高压电池充电截止电压将高于正常充电模式下的充电截止电压，高压电池会存储更多的能量，延长行驶里程	110%	9.5h（25℃）
	长寿命充电	高压电池充电截止电压将低于正常充电模式下的充电截止电压，提高高压电池的使用寿命	80%	7h（25℃）
	定时充电	通过设置充电时间，完成充电开始/停止设定	—	—
	远程充电	根据远程控制信号对车辆充电	100%	8h（25℃）
	低温充电	开启加热装置对高压电池加热，对车辆充电	100%	16h
直流充电模式		通过直流充电桩充电。最大充电电流根据高压电池电量和温度而不同，当充电没有完成但充电桩上的设置时间或车辆的设置时间已到时，充电停止	80%	1h（25℃）

交流充电口（A）安装在车辆标志处，直流充电口（B）安装在车身左后侧，如图 4-38 所示。充电时，根据选择的充电类型，连接交流充电插头或者直流充电插头到相应的充电插座，连接正确后开始充电。充电口连接后形成检测回路，当出现连接故障时，VCU 可以检测该故障。

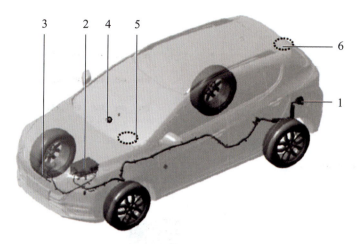

图4-38 充电系统部件位置

1—直流充电口；2—车载充电机；3—交流充电口；4—充电指示灯；5—定时充电开关；6—交流充电插头总成

当VCU判断整车处于充电模式时，吸合M/C继电器，根据高压电池的可充电功率及车载充电机的状态，向车载充电机发送充电电流指令。同时，车载充电机吸合交流充电继电器，VCU吸合系统高压正极继电器和高压负极继电器，高压电池开始充电。交流充电控制流程如图4-39所示。

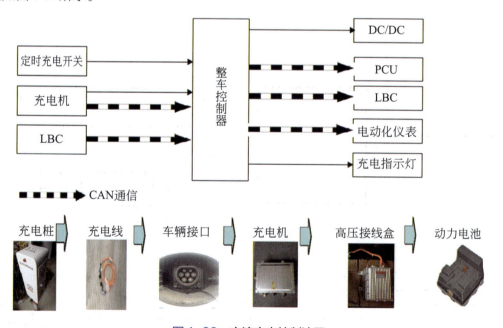

图4-39 交流充电控制流程

当直流充电设备接口连接到整车直流充电口时，直流充电设备发送充电唤醒信号给VCU，VCU吸合M/C继电器，根据高压电池的可充电功率及车载充电机的状态，向直流充电设备发送充电电流指令。同时，VCU吸合直流充电继电器、系统高压正极继电器和高压负极继电器，高压电池开始充电。直流充电控制流程如图4-40所示。

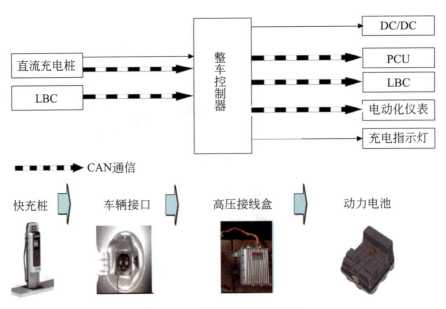

图4-40 直流充电控制流程

充电系统应用时,车载充电机将外部交流电转换成直流电给高压电池充电。充电时,车载充电机根据VCU的指令确定充电模式。车载充电机内部有滤波装置,可以抑制交流电网波动对车载充电机的干扰。高压接线盒接收车载充电机或直流充电桩的电能,并输送给高压电池总成。整车充电系统电气连接见图4-41。

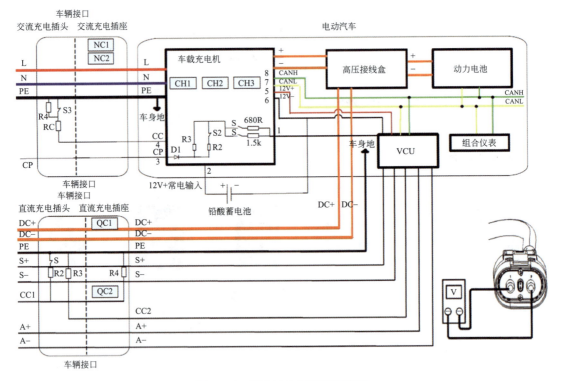

图4-41 整车充电系统电气连接

4.4 电池温度管理系统

4.4.1 特斯拉 MODEL S

MODEL S 热量管理系统组件位置如图 4-42 所示。

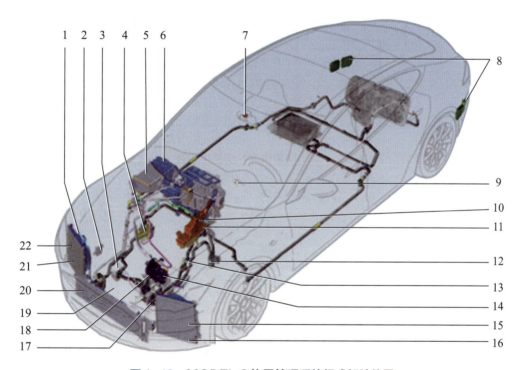

图 4-42 MODEL S 热量管理系统组成部件位置

1—过冷冷凝器风扇；2—冷凝器风扇控制模块 RH（LH 对称）；3—电池冷却液泵 1；4—冷却液加热器；5—颗粒过滤器；6—机舱空调单元；7—RLSH 传感器；8—后排风机；9—车内温度传感器；10—冷却液箱；11—动力总成冷却液泵；12—电池快速配合连接器；13—四通换向阀；14—电动空调压缩机；15—气冷冷凝器风扇；16—气冷冷凝器；17—电池冷却液泵 2；18—电池冷却液冷却器；19—环境温度传感器；20—冷却液散热器；21—过冷冷凝器；22—储液干燥器（内部冷凝器内）

热量管理系统冷却液循环回路如图 4-43 所示。

热管理系统控制三个功能：检测与控制机舱内空气的流量、温度和湿度，检测与控制电池温度，检测与控制动力总成和高压电子系统的温度。

这三个功能是通过 3 个子系统来实现的：机舱供暖、通风和空调（HVAC）系统，空调（A/C）系统，动力总成加热和冷却系统。

电池和动力总成冷却/加热组成部件如图 4-44 所示。

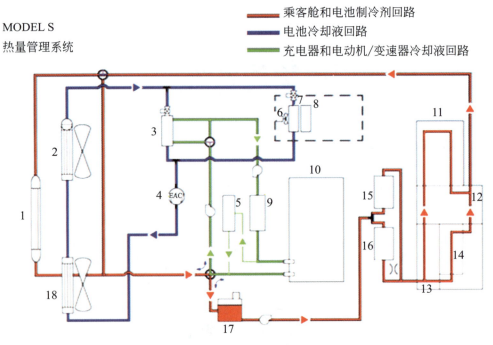

图4-43 热量管理系统循环回路

1—冷却液散热器；2—过冷冷凝器和风扇；3—电池冷却液冷却器；4—压缩机；5—DC/DC转换器；6—暖通空调鼓风机电机；7—蒸发器；8—PTC加热器；9—电池冷却液加热器；10—电池；11—驱动变频器；12—变速箱；13—电机定子；14—电机转子；15—板载从属充电器；16—板载主充电器；17—冷却液箱；18—气冷冷凝器和风扇

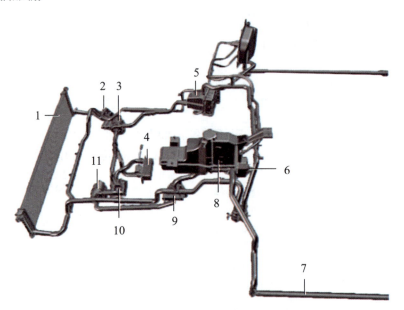

图4-44 高压电池与动力总成温度管理系统组成部件

1—冷却液散热器；2—散热器旁通阀；3—电池冷却液泵1；4—冷却机；5—冷却液加热器；6—动力总成冷却液泵；7—冷却液管；8—冷却液箱；9—串联/并联换向阀；10—冷却液冷却器旁通阀；11—电池冷却液泵2

加热和冷却系统包括散热器、软管、冷却液泵和阀门，这些阀门向动力总成组件和高压电池提供加热和冷却作用。冷却液可以两种模式循环：串联模式和并联模式。串联模式配置冷却系统，以使电池和动力总成系统串联加热或冷却，并且两个子系统之间发生热传递。在并联模式下，电池和动力总成回路彼此解耦运行，并且两个系统之间没有明显的热量传递。

双功能系统包含一个四通冷却液分流阀，该阀具有两个入口和两个出口，可以切换冷却液的路径。

以下模式可用于动力总成的加热和冷却要求。系统会根据当前情况自动执行最合适的模式。

（1）串联模式－电池加热

在冷浸条件下，串联模式允许冷却液流过电机以加热冷却液，绕过散热器，然后流入HV电池以加热电池。如果需要额外加热，可以在进入电池之前激活高压冷却液加热器向冷却液提供更多热量。

（2）串联模式－降低冷却能量

在低环境温度下使用时，串联模式也是一种有效的配置。这样一来，仅使用散热器即可冷却电池和动力总成，而无需运行A/C压缩机和冷却器系统来冷却电池。

（3）串联模式－高热环境动力总成冷却

在极端炎热的情况下，当动力总成的散热器冷却受到限制时，电池可以充当热敏电容器，吸收动力总成的热量并使电动机运行在较低温度下，这提高了电动机效率，仅在电池温度达到其热极限之前才有效。为了延长高温运行，可以使冷却器和A/C压缩机接合，以冷却进入电池和动力总成组件的冷却液。

（4）并联模式

并联模式允许散热器最有效地用于动力总成冷却，因为动力总成冷却液的运行温度比电池冷却液高得多。此模式还允许电池逐渐加热自身，即使吸收了大量的动力总成废热也不需要主动冷却。

另外，如果电池需要冷却而动力总成不需要，则可以仅激活电池冷却液冷却器系统以冷却电池。充电期间，充电器在动力总成冷却回路上冷却。并联模式可以在不增加电池热量的情况下进行。

4.4.2 奥迪e-tron

奥迪e-tron的热泵和高压电池热交换器以及制冷剂循环阀总成在保险杠后面的左前轮前方（按车辆行驶方向看）。热泵与热交换器连接管路如图4-45所示。

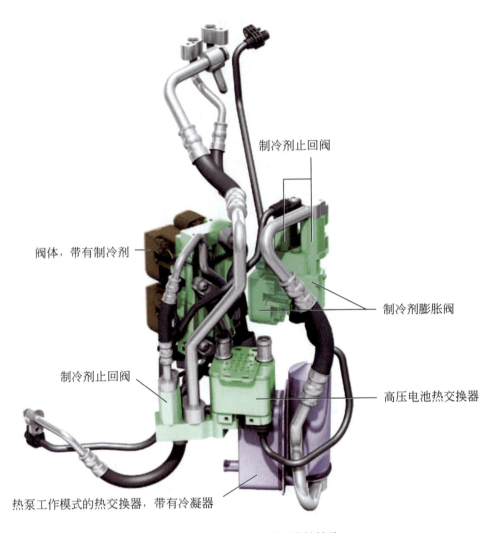

图4-45 热泵与热交换器连接管路

如图4-46所示为交流充电过程。高压电池的冷却循环管路与电驱动系统的冷却循环管路彼此相连。用交流电充电时，充电器会热起来，产生的热量通过高压电池充电器1和2被高压电池冷却循环管路吸收。

冷却液经电驱动装置电机和相应的电驱动装置控制单元流向低温散热器。冷却液在低温散热器中把充电时所吸收的热量释放到大气中，循环管路就关闭了。

如图4-47所示为直流充电过程，制冷剂在电动空调压缩机中被压缩、在冷凝器中冷却下来并被送往高压电池热交换器E。制冷剂通过制冷剂膨胀阀卸压，这种强冷就可以吸收充电时高压电池冷却循环管路中的余热了，余热被制冷剂带走。

电驱动系统的冷却循环管路是被动冷却的。部件温度在超过约35℃时，就会对高压电池实施冷却了。对车内的冷却目前是优先于电池冷却的。

第4章 高压电池电控技术

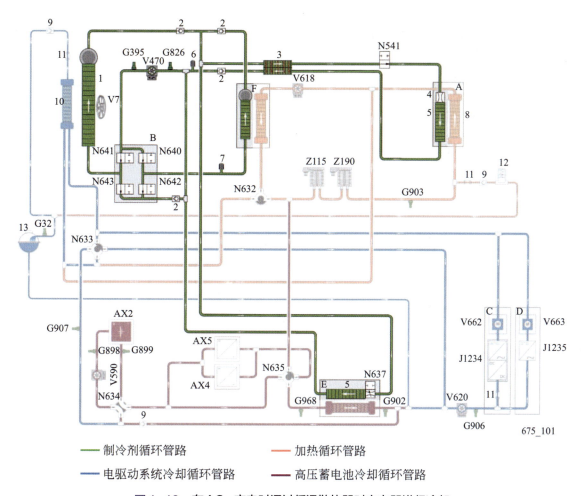

—— 制冷剂循环管路　　　—— 加热循环管路
—— 电驱动系统冷却循环管路　　　—— 高压蓄电池冷却循环管路

图4-46　在AC-充电时通过低温散热器对充电器进行冷却

1—冷凝器；2—制冷剂循环管路上的止回阀；3—内部热交换器；4—热膨胀阀；5—蒸发器；6—低压侧保养接口；7—高压侧保养接口；8—加热热交换器；9—止回阀；10—低温散热器；11—节流阀；12—节温器；13—冷却液膨胀罐（用于高压系统）；A—加热/空调器；B—阀体；C—前桥；D—后桥；E—高压电池热交换器（制冷器）；F—热泵工作模式的热交换器（连同冷凝器iCond）；AX2—高压电池1；AX4—高压电池充电器1；AX5—高压电池充电器2；G32—冷却液不足传感器；G395—制冷剂压力和制冷剂温度传感器1；G826—制冷剂压力和制冷剂温度传感器2；G898—高压电池冷却液温度传感器1；G899—高压电池冷却液温度传感器2；G902—温度管理系统冷却液温度传感器1；G903—温度管理系统冷却液温度传感器2；G906—温度管理系统冷却液温度传感器5；G907—温度管理系统冷却液温度传感器6；G968—温度管理系统冷却液温度传感器8；N541—加热/空调器制冷剂截止阀；N632—冷却液切换阀1；N633—冷却液切换阀2；N634—冷却液切换阀3；N635—冷却液切换阀4；N637—制冷剂膨胀阀2；N640—制冷剂截止阀2；N641—制冷剂截止阀3；N642—制冷剂截止阀4；N643—制冷剂截止阀5；J1234—前桥电驱动装置控制单元；J1235—后桥电驱动装置控制单元；V7—散热器风扇；V470—电动压缩机；V590—高压电池冷却泵；V618—温度管理系统冷却液泵；V620—温度管理系统冷却液泵4；V662—前桥电驱动装置电机；V663—后桥电驱动装置电机；Z115—高压加热器（PTC）；Z190—高压加热器2（PTC）

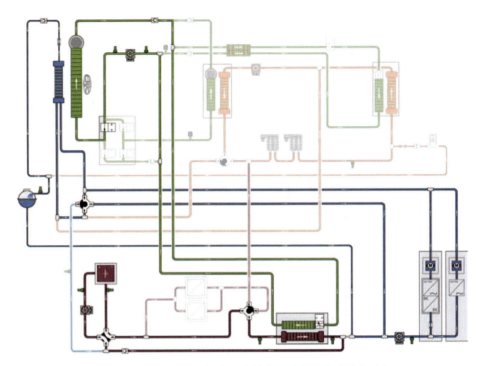

图4-47 在DC-充电时通过制冷器对高压电池进行冷却

如图4-48所示为直流充电过程，高压电池的冷却循环管路与电驱动系统的冷却循环管路彼此相连。冷却液吸收高压电池的余热后流经电驱动装置电机和相应的电驱动装置控制单元并流向低温散热器。冷却液在低温散热器中把吸收的热量释放到大气中。

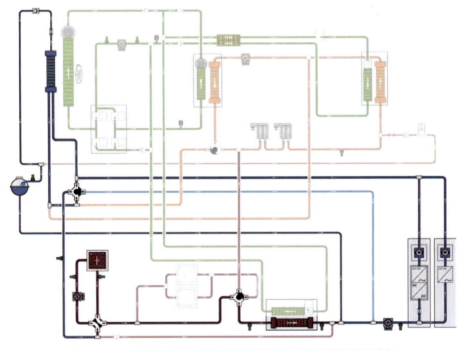

图4-48 在DC-充电时通过低温散热器对高压电池进行冷却

在用直流电进行充电的过程中，高压加热器在需要时会对冷却液进行加热。冷却液在流经加热/空调器后流向冷却液切换阀2 N633，该阀将冷却液导向高压电池。于是热起来的冷却液就把热量传给高压电池了。

冷却液流经高压电池后会在循环管路中再循环。另外，电驱动系统的循环管路内总是保持着一个最小冷却液流量。在温度低于−10℃时就会对高压电池进行加热了。直流充电时对高压电池进行加热的情况如图4-49所示。

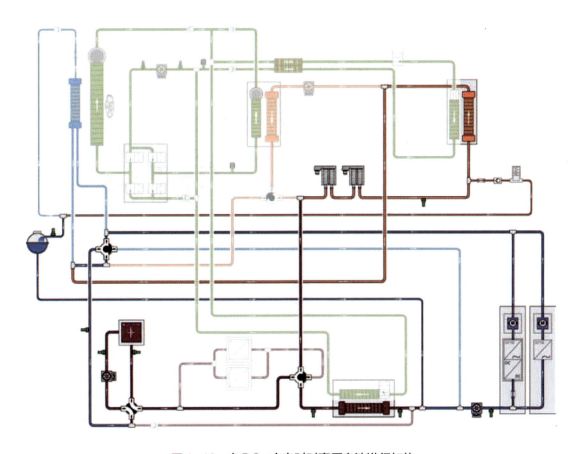

图4-49　在DC−充电时对高压电池进行加热

4.4.3　宝马ActiveHybrid 7

宝马ActiveHybrid 7高压电池通过制冷剂进行冷却。因此空调系统的制冷剂循环回路针对高压电池单元进行了相应扩展。用于调节车内空气的膨胀阀和用于高压电池的膨胀阀并联在一起。蓄能器管理电子装置可以通过PWM信号控制用于高压电池单元的关断和膨胀组合阀。这样可使制冷剂流至高压电池，在此膨胀、蒸发和冷却。冷却系统组成部件如图4-50所示，电池冷却组件如图4-51所示。

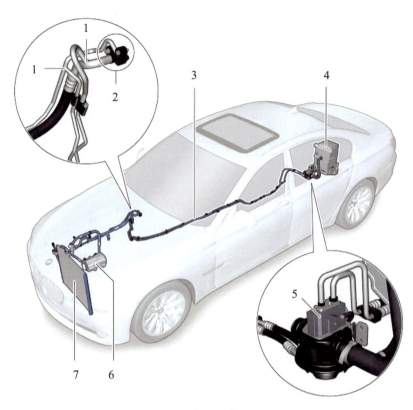

图4-50 冷却系统组成部件

1—至高压电池单元的制冷剂管路分支；2—用于车内空间的膨胀阀接口；3—至高压电池的制冷剂管路；4—高压电池；5—用于高压电池的关断和膨胀组合阀；6—电动空调压缩机；7—冷凝器

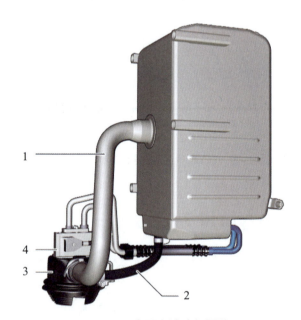

图4-51 高压电池冷却组件

1—排气管；2—冷凝水排泄管；3—套管；4—关断和膨胀组合阀

通过制冷剂对高压电池进行冷却以及由此获得的较大温差，可能造成高压电池内的水蒸气冷凝。这些冷凝水通过连接壳体底部的排泄管向外排出。该排泄管和另一个排气管汇集在高压电池外部，通过一个套管从车内导出。排气管用于补偿高压电池内部和外部较大的压力差。只有在电解槽损坏的情况下才会出现这种压力差，为了安全起见，损坏电解槽的壳体会打开，以便降低压力。释放出的气体通过排气管排出车外。处于该温度范围时，无需对高压电池进行冷却，用于高压电池的膨胀阀处于关闭状态。

温度升高且需要进行"优先级较低的冷却"时，SME控制单元就会通过总线电码向IHKA（自动恒温空调）控制单元发出高压电池冷却要求。IHKA控制单元向SME控制单元反馈是否可提供用于高压电池的冷却功率。

只有在可提供冷却功率的情况下，SME控制单元才会打开用于高压电池的关断和膨胀组合阀。如果无法提供冷却功率，该组合阀就会保持关闭状态且优先冷却车内空间。

如果电解槽温度继续升高，就必须对高压电池进行冷却。SME控制单元再次向IHKA控制单元发出迫切的冷却要求"优先级较高的冷却"。但是为了防止高压电池损坏，用于高压电池的关断和膨胀组合阀在任何情况下都会处于开启状态。如果之前尚未接通电动空调压缩机，现在蓄能器管理电子装置就会根据要求通过IHKA控制单元启用压缩机。驾驶员关闭车内空调功能后也会启用。

虽然冷却功率设计足以满足使用需求，但在极端边界条件下，高压电池温度仍可能会继续升高。在这种极端情况下，就会逐步减少或不再提供混合动力功能（例如助推功能）。这样做主要是为了保护高压组件。如果温度继续升高，还会通过限制高压电池输入和输出电流强度来加强保护效果。电池温度控制策略如图4-52所示。

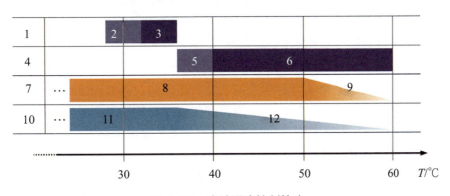

图4-52　电池温度控制策略

1—优先级较低的冷却；2，5—滞后范围，已经开始的冷却过程将继续进行，直至达到温度下限；3—接通范围，处于该温度范围时开始进行优先级较低的冷却；4—优先级较高的冷却；6—接通范围，处于该温度范围时开始进行优先级较高的冷却；7—高压电池的可用电功率；8—高压电池的最大可用功率；9—限制高压电池的输出和输入功率，从而防止进一步产生热量；10—混合动力功能可用性（例如助推功能）；11—所有混合动力功能完全可用；12—持续减少或关闭混合动力功能，从而防止进一步产生热量

4.4.4　宝马X5 xDrive40e

为对宝马X5 xDrive40e的高压电池进行冷却，将其接入空调系统制冷剂循环回路内。

为了能够根据需要进行冷却,在高压电池单元上有一个电控膨胀和截止组合阀。膨胀和截止组合阀以硬绞线方式与SME控制单元连接在一起,并由该控制单元直接进行控制。供电中断时阀门关闭,此时没有制冷剂流入高压电池单元内。阀门只能识别出"关闭"和"打开"位置。通过热学方式调节流入的制冷剂量。高压冷却系统组成如图4-53所示。

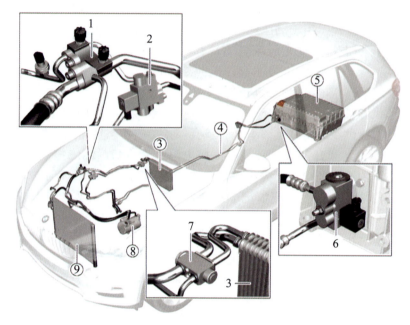

图4-53 高压电池单元的整个冷却系统

1—加注和抽真空接口;2—截止阀(车内空间);3—车内空间蒸发器;4—至高压电池单元的制冷剂管路;5—高压电池单元;6—膨胀和截止组合阀;7—用于车内空间的膨胀阀;8—电动制冷剂压缩机EKK;9—冷凝器

将液态制冷剂喷入热交换器内时制冷剂蒸发。蒸发的制冷剂通过这种方式吸收环境空气的热量并使其冷却。之后电动制冷剂压缩机将气态制冷剂压缩至较高压力水平。之后通过冷凝器将热量排放到环境空气中并使制冷剂重新变为液态聚集状态。

宝马X5 xDrive40e根据高压电池单元的安装位置采用了两个上下叠加的电池模块。为了确保制冷剂可使电池充分冷却,其采用了一个两件式热交换器。热交换器分别位于三个上部和三个下部电池模块下方,由铝合金平管构成,与内部制冷剂管路相连。电池冷却部件结构如图4-54所示。

在高压电池单元内部,制冷剂在管路和铝合金冷却通道内流动。通过入口管路流入的制冷剂在高压电池单元接口后分别流入上部和下部热交换器。流经供给管路的制冷剂在热交换器内分别流入两个冷却通道并通过流经冷却通道吸收电池模块的热量。

在冷却通道端部将制冷剂输送至相邻冷却通道内,由此回流并继续吸收电池模块的热量,如图4-55所示。在端部,各热交换器的两个回流管路汇集为一个共同的回流管路。共同的回流管路将蒸发的制冷剂输送回高压电池单元接口。在下部热交换器的供给管路上装有一个温度传感器,传感器信号用于控制和监控冷却功能。该信号直接由SME控制单元读取。

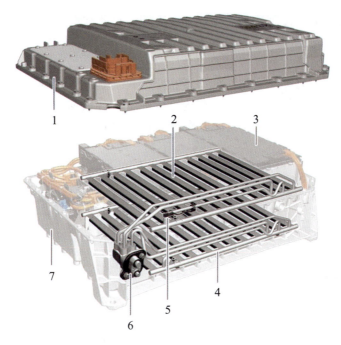

图4-54 高压电池单元内的冷却部件结构

1—壳体上部件；2—上部热交换器，上部冷却通道连接装置；3—电池模块；4—下部热交换器，电池模块连接器，上部热交换器回流管路；5—制冷剂管路温度传感器；6—膨胀和截止组合阀连接法兰；7—壳体下部件

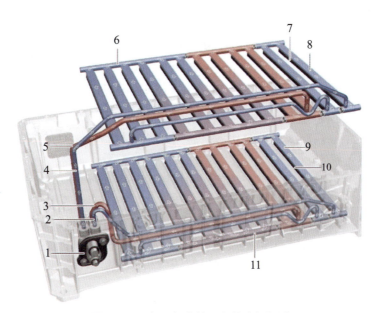

图4-55 高压电池单元内的冷却组件

1—膨胀和截止组合阀连接法兰；2—下部热交换器压力侧供给管路；3—下部热交换器抽吸侧回流管路；4—上部热交换器压力侧供给管路；5—上部热交换器抽吸侧回流管路；6—压力侧连接管；7—上部热交换器；8—上部热交换器压力侧输入端；9—下部热交换器回流管路；10—下部热交换器压力侧输入端；11—抽吸侧连接管

高压电池单元直接通过制冷剂 R134a 进行冷却。因此空调系统的制冷剂循环回路由两个并联支路构成。一个用于车内空间冷却，一个用于高压电池单元冷却，如图 4-56 所示。两个支路都有膨胀阀和截止阀，相互独立地控制冷却功能。蓄能器管理电子装置可通过施加电压控制打开高压电池单元上的膨胀和截止组合阀。这样可使制冷剂流入高压电池单元内，在此膨胀、蒸发和吸收环境热量。车内空间冷却同样根据需要来进行。蒸发器前的截止阀也可通过电气方式进行控制，但由电机电子装置 EME 进行控制。蒸发器前的膨胀阀以纯压力控制方式工作。

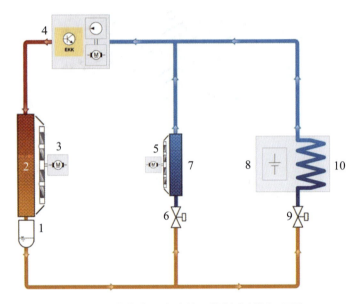

图 4-56　带有高压电池单元的制冷剂循环回路

1—干燥器瓶；2—冷凝器；3—电子扇；4—电动制冷剂压缩机 EKK；5—车内空间鼓风机；6—车内空间截止阀；7—车内空间蒸发器；8—高压电池单元；9—膨胀和截止组合阀；10—热交换器

冷却系统可实现两种运行状态：关闭冷却系统和接通冷却系统。主要根据电池温度、车外温度以及高压电池获取或输送的功率来启用这些运行状态。SME 控制单元根据输入参数决定启用哪种运行状态。

图 4-57 展示了输入参数、SME 控制单元的作用以及控制所用执行机构。

电池温度已处于或低于最佳范围时就会启用"关闭冷却系统"运行状态。车辆在适中环境温度下以较低电功率行驶时通常就会启用该运行状态。"关闭冷却系统"运行状态非常高效，因为无需其他能量来对高压电池进行冷却。

需要对车内空间进行冷却时，电动制冷剂压缩机不运行或以较低功率运行，高压电池单元上的膨胀和截止组合阀关闭。

电池温度增加约 30℃时，就会开始冷却高压电池。SME 控制单元以两个优先级向 IHKA 控制单元提出冷却要求。之后 IHKA 决定是否对车内空间、高压电池单元或同时对二者进行冷却。SME 提出优先级较低的冷却要求且车内空间冷却要求较高时，IHKA 可能会拒绝提出的冷却要求。但 SME 提出优先级较高的冷却要求时 IHKA 始终会对高压电池单元进行冷却。

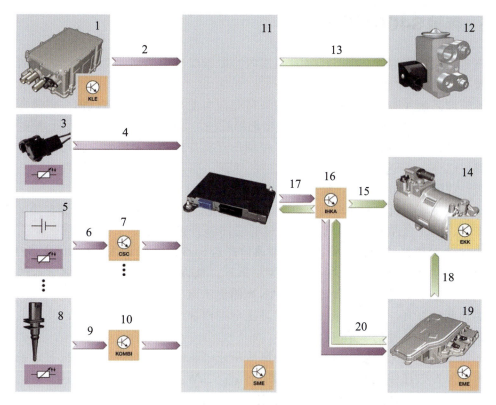

图4-57 高压电池单元冷却系统的输入/输出

1—便捷充电电子装置KLE；2—高压电池单元进行外部充电的信息；3—制冷剂供给管路处的制冷剂温度传感器；4—制冷剂温度信号；5—高压电池上的温度传感器；6—电池模块温度信号；7—电池监控电子装置CSC；8—车外温度传感器；9—车外温度信号；10—组合仪表KOMBI；11—SME控制单元（高压电池单元内）；12—膨胀和截止组合阀；13—膨胀和截止组合阀控制信号；14—电动制冷剂压缩机EKK；15—通过LIN总线传输的电动制冷剂压缩机控制信号；16—自动恒温空调；17—提出冷却要求；18—提供高电压功率；19—电机电子装置EME；20—要求高电压功率

进行冷却时，IHKA要求电机电子装置内的高压电源管理系统提供用于电动制冷剂压缩机的电功率。

在冷却运行状态下组件工作方式为：SME控制单元提出冷却要求；IKHA授权后，SME控制单元控制高压电池单元上的膨胀和截止组合阀；通过这种方式使该阀打开，制冷剂流入高压电池单元内；电动制冷剂压缩机运行。

打开膨胀阀后压力下降后，高压电池单元的管路和冷却通道内的制冷剂蒸发。在此制冷剂吸收电池模块和电池的热量并对其进行冷却。蒸发的制冷剂离开高压电池单元，经电动制冷剂压缩机压缩并在冷凝器内液化。虽然该过程需要高压车载网络提供能量，但其意义非常重大，只有这样才能确保电池具有较长使用寿命和较高效率。

电池温度明显低于最佳运行温度（20℃）时，其功率会暂时受限且能量转换效率也不理想。这是无法避免的锂离子电池化学效应。如果长时间（例如多日）将F15 PHEV停放在极低环境温度条件下，电池温度也会变为与环境温度相同。在此情况下，开始行驶时可能无法提供最大电动驱动功率，但客户并不会有所察觉，因为此时由发动机驱动车辆。

4.4.5 奔驰S400 HEV

高压电池的工作温度必须处于特定范围内,以确保充电功率、充电循环的次数和高压电池的预期使用寿命达到最佳。

电池管理系统(BMS)控制单元评估来自高压电池温度传感器的数据,以确定当前高压电池温度,必要时,会通过电控多端顺序燃料喷注/点火系统ME-SFI[ME]控制单元发出冷却输出请求。电池管理系统(BMS)控制单元将冷却请求通过驾驶驱动数据链控制器区域网络(CAN)传送至ME-SFI[ME]控制单元。后者将请求与能量管理系统的目标值进行比较,并促动电动制冷剂压缩机。

电动制冷剂压缩机的促动与高压电池电量以及允许的最大放电电压/电流有关。使用钥匙启动车辆之后,允许进行首次促动,并在电路15断开时撤销。

如果能量管理系统允许进行促动,则该信息连同冷却输出请求一起由ME-SFI[ME]控制单元通过底盘CAN传送至中央网关控制单元。该许可通过车内CAN继续传送至自动空调(KLA)控制单元,并由后者通过CAN网络促动电动制冷剂压缩机。

空调切断阀打开,制冷剂流经集成在高压电池模块中的蒸发器。热能从高压电池和电池管理系统(BMS)控制单元中吸出。

冷却输出功率很大程度上取决于电动制冷剂压缩机的促动水平。发动机怠速或自动停机时,电动制冷剂压缩机的输出功率被限制为最高2kW。如果车辆突然加速,电动制冷压缩机将被短暂(小于10s)降低输出功率至0kW。高压电池冷却循环示意图如图4-58所示。

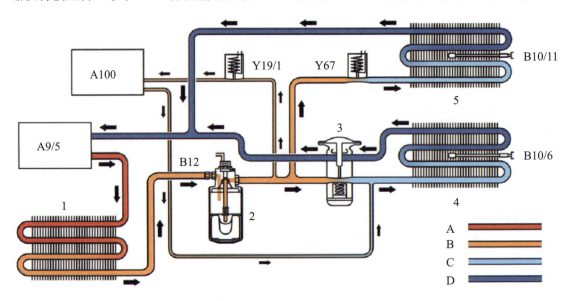

图4-58 高压电池冷却循环示意图

1—冷凝器;2—储液罐;3—膨胀阀;4—蒸发器;5—后排空调系统蒸发器(装配后排空调系统);A9/5—电动制冷剂压缩机;A100—高压电池模块;B10/6—蒸发器温度传感器;B10/11—后排空调系统蒸发器温度传感器(装配后排空调系统);B12—制冷剂压力传感器;Y19/1—高压电池冷却切断阀;Y67—后排空调系统制冷剂切断阀(装配后排空调系统);A—高压,气态;B—高压,液态;C—低压,液态;D—低压,气态

4.5 高压安全管理

4.5.1 宝马ActiveHybrid 7

宝马ActiveHybrid 7的高压安全插头（售后服务时断开连接）位于后备厢凹槽内12V电池附近，如图4-59所示。高压安全插头执行多项任务：关闭高压系统供电并固定住以防重新接通。

高压安全插头的工作原理以断开高压接触监控电路为基础。高压系统持续监控该电路并在识别出断路情况时使其自动关闭。

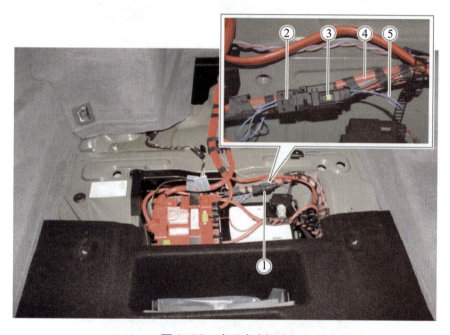

图4-59 高压安全插头

1—高压安全插头（整体）；2—带有高压接触监控电路导线的插口；3—可拆卸高压安全插头；4—以机械方式接入高压安全插头的其余车辆导线束；5—跨接线

借助高压安全插头关闭高压系统（无电压）。为断开供电（无电压），必须将高压安全插头从所属的插口中拉出，如图4-60所示，因此可以中断高压接触监控电路。

可防止集成在高压电池单元内的高压电路过载的装置如下：

① 通过一个测量电阻测量电流强度并在超过限值时关闭高压系统，由蓄能器管理电子装置通过软件控制，最终断开电动机械式接触器触点。

② 测量电流强度并在超过限值时关闭高压系统，由专门为此设计的电子关闭装置触发（不同于上述软件方案，在此采用硬件方案）。

③ 与电解槽串联的保险丝在发生短路时自动断开电路。

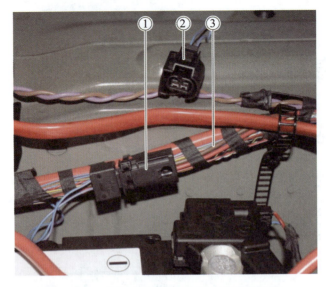

图 4-60 断电（无电压）后的高压安全插头

1—带有高压接触监控电路导线的插口；2—取下的高压安全插头；3—以机械方式接入高压安全插头的其余车辆导线束

4.5.2　宝马 ActiveHybrid X6

宝马 ActiveHybrid X6 的高压安全插头执行多项任务：关闭高压系统供电并防止重新接通；作为高压电池高电流保险丝的支架。高压安全插头内的保险丝直接插在串联连接的电池电解槽之间，因此是一个高压部件，用橙色进行标记。高压安全插头安装在高压电池单元壳体上侧，如图 4-61 所示。高压安全插头内部结构如图 4-62 所示。

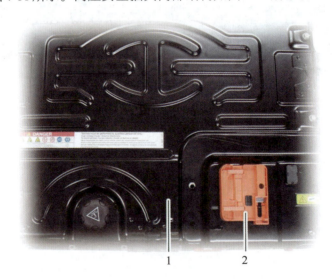

图 4-61　高压安全插头安装位置

1—高压电池单元壳体；2—高压安全插头（处于插入状态）

高压安全插头内的保险丝　　　　高压接触监控跨接线

从高压安全插头内取出的保险丝
（小保险丝 HEV135A）

图 4-62　高压安全插头内部结构

4.5.3　宝马 X5 xDrive40e

宝马 X5 xDrive40e 每个高压单元内都有带独立壳体的接口单元，该单元称为开关盒或简称为 S 盒。由于该单元位于高压电池单元内，如图 4-63 所示，所以其内集成了以下组件：电池负极电流路径内的电流传感器，电池正极电流路径内的保险丝，两个电动机械式接触器（每个电流路径一个开关触点），用于缓慢启动高压系统的预充电电路，用于监控开关触点、测量电池总电压和监控绝缘电阻的电压传感器，用于绝缘监控的电路。

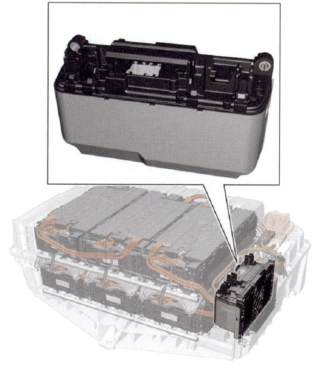

图 4-63　安全盒安装位置

高压系统放电，即中间电路电容器（EME）主动放电，如图4-64所示。

① 首先尝试供应12V车载网络电池的存储能量。

② 如果无法实现，就会通过可接通电阻进行中间电路电容器放电。

③ 如果中间电路电容器未在5s内放电至60V以下，就会通过被动电阻使其放电。

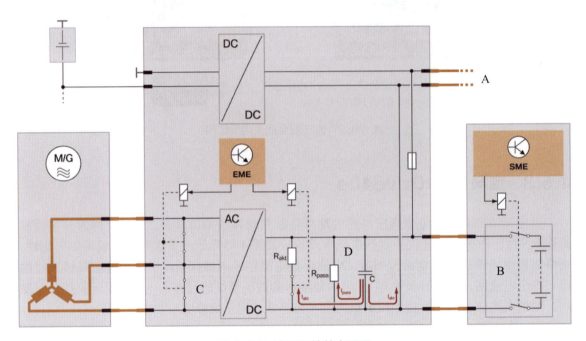

图4-64　高压系统放电原理

A—关闭所有高压组件；B—接触器断开；C—电机绕组短路；D—中间电路电容器放电

第5章
驱动电机
基本知识

5.1　电磁电力学原理
5.2　电机基本结构

5.1 电磁电力学原理

5.1.1 电磁铁

永久磁铁或永久磁体通常由铁钴或铁镍合金制成。制造时将其磁化并始终（持续）保持这种磁化状态。在小型电动机中产生励磁磁场时使用永久磁铁。磁铁磁极状态如图5-1所示。

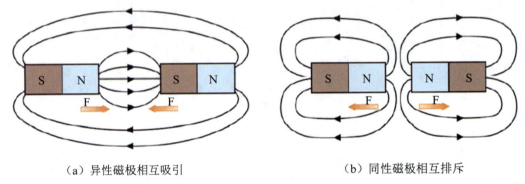

(a) 异性磁极相互吸引　　　　　　　　(b) 同性磁极相互排斥

图5-1　磁极的状态

有电流流过的线圈可以产生一个与棒状磁铁非常相似的磁场，如图5-2所示，因此可以作为电磁铁使用。与永久磁铁不同，其磁效应可以通过电流是否流过线圈来关闭和开启。带有电动激励装置的直流电机如串联或并联电机可以作为电磁铁在定子内产生磁场。也可以在继电器中的线圈上使用电磁铁。

可以利用永久磁铁或电磁铁产生一个磁场。通过由北磁极至南磁极的磁力线对磁场进行描述。磁场越强磁力线的密度也就越大，磁力线状态如图5-3所示。

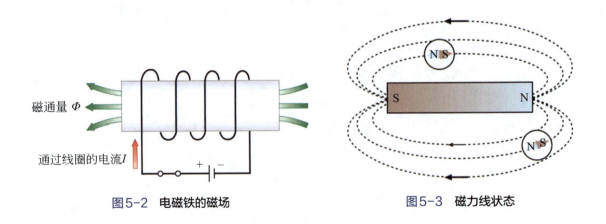

图5-2　电磁铁的磁场　　　　　　　　图5-3　磁力线状态

5.1.2 电磁感应

1831年,迈克尔·法拉第发现了电磁感应现象。这种电磁感应现象是电物理学的一种基础现象。电磁感应定律对磁场和电压之间的关系进行了说明,对了解电机起到了重要作用。电磁感应定律指出,通过圈数为N的线圈和随时间变化的磁场中的磁通量Φ可以推导出电压Uind:

$$Uind = N \times \Phi / dt$$

通过移动线圈也可以在不随时间变化的磁场中产生电压。电磁感应效应主要用于电动机、发电机和变压器。可以利用楞次定律确定电磁感应电压的方向:通过电磁感应产生的电流流动时,其磁场反作用于磁场变化。

通过线圈可以改变电流强度,而由线圈本身产生的磁场也会发生变化,线圈内的自感应电压则会出现与电流强度变化相反的变化,这种情况通常被称为自感应。磁场变换越快越强,所产生的电压也就越高。洛伦兹力是磁场在一个移动电荷上施加的力。在导体内的电子上施加一个力F,此时整个导体就会向着某一方向移动。可以通过"右手定则"或根据三指定则确定力的方向。通过图5-4得到以下结果:

起因 = 电流 → 传递 = 磁场 → 结果 = 电子上的力

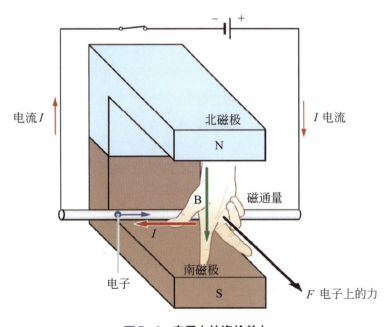

图5-4　电子上的洛伦兹力

5.1.3 变压器

变压器由安装在一个共用铁芯上的两个线圈构成,如图5-5所示。在两个线圈之间没有导线连接,也就是说它们之间相互分离。

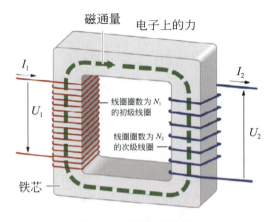

图 5-5 变压器的结构

在一个线圈上施加交流电压时,根据电磁感应定律第二个线圈上也会产生一个交流电压。此时可以在第二个线圈的端部测量到此电压。初级电压和两个线圈的圈数决定了感应电压的大小。

$$U_1/U_2=N_1/N_2$$

当初级和次级线圈的圈数相同时,次级电压 U_2 与初级电压 U_1 相同。次级线圈的圈数是初级线圈的2倍时,次级电压也将是初级电压的2倍。在次级线圈上连接用电器时,必须使用电路初级侧所提供的能量。理想变压器的初级侧所提供的能量应该与次级侧使用的能量相等,也就是说理想的变压器不会产生能量损失。电压与电流成反比,因此理想变压器初级和次级侧的功率应该相同。

$$U_1 \times I_1 = U_2 \times I_2$$

理想变压器在实际中不可能实现,因为始终会有能量损失。因此任何一种变压器所提供的电能总会比其接收的电能稍小一些。损失的电能一部分通过电阻使线圈变热,另一部分则转换成了所谓的涡流。为了将涡流降至最低,变压器使用由很多薄铁片组成的铁芯。这些铁片使用漆层进行绝缘,从而使涡流无法流动。

5.2 电机基本结构

电机是一种设备,通过这种设备可以将电能转换为机械能,也可以将机械能转换为电能。根据转换能量的不同,可称为电动机(将电能转换为机械能)或发电机(将机械能转换为电能)。电机使用了磁极同性相斥异性相吸的原理,通过电流产生至少一个磁场。电机一方面可以根据电流进行分类,例如直流、交流或三相电机;另一方面也可根据工作原理分类,如同步或异步电机。

5.2.1 直流电机

直流电机作为一种主流电机被广泛使用。车辆电气系统中的车窗玻璃刮水器、车窗升降器、鼓风机大量使用了最大功率约为100W的直流电机。

直流电机可以将（直流电流形式的）电能转化为动能。它由一个固定部件定子和一个转动支撑部件转子（电枢）组成。大多数直流电机采用内部转子结构，即转子是内部部件，定子是外部部件。定子由电磁铁组成，在小型直流电机内由永久磁铁构成。直流电机工作原理如图5-6所示。

电机工作原理以作用力施加在磁场内的载流导体上为基础。载流导体的磁场和永久磁铁的磁场相互影响，如图5-7所示。如果永久磁铁牢固固定且导体以可转动方式支撑，则会在导体上施加一个作用力。通过作用力的影响转动载流导体。导体上的作用力取决于导体内的电流强度、磁场强度、导体有效长度（线圈圈数）。

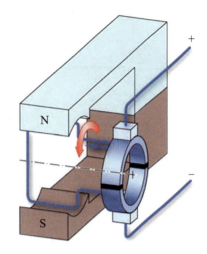

图5-6 直流电机的工作原理

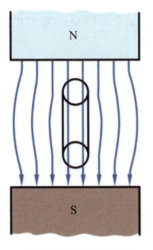
（a）两磁极间的磁场

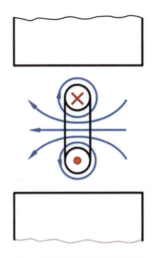
（b）某个载流导体的磁场

图5-7 磁场作用

为了提高作用力的影响，使用带有铁芯的线圈代替载流导体。在图5-8中仅显示了一个线圈，以便于更好地进行描述。在线圈上施加电压时，线圈内流动的电流产生一个磁场（线圈磁场）。永久磁铁两极间的磁场和线圈磁场形成一个总磁场。根据线圈内的电流方向产生一个左旋或右旋力矩。线圈继续转动，直至线圈磁场方向与永久磁体两极间磁场方向相同。随后线圈停留在所谓的磁极磁场中性区域内。为了能够继续转动，必须改变线圈内的电流方向。在此通过与线圈起始端和线圈末端连接的电流换向器（集电环）实现电流方向的切换。每旋转180°集电环切换电流方向一次，从而实现连续转动。

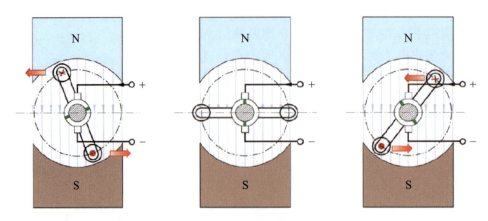

图5-8　载流导体的旋转

在技术应用中通过一个分段集电环和滑动触点（炭刷）为电枢输送电流。集电环由金属段组成，金属段与细条状绝缘材料（塑料、空气）一起构成间断的圆柱或圆形面。用于输送电流的两个炭刷通过弹簧压紧在集电环上。共用铁芯的多个线圈分布如图5-9所示。

转子每转动一次通过电枢绕组的电流方向就会改变一次，同时那些通过电流流动而产生力矩的导体进入定子磁场内。电机的转速取决于电压和转动方向。车窗玻璃刮水器和起动机就属于车辆中直流电机的典型使用情况。

直到现在直流电机中的主磁场仍可通过永久磁铁产生。但是在直流电机中也可以通过电磁铁产生主磁场。励磁线圈电源不受电枢电路电源影响的电机被称为外部激励电机，如图5-10所示。这种电机的转速控制系统非常简单，因为可以分别对电枢电压和激励电压进行调节。

励磁线圈和电枢电路相互连接的电机称为自激励电机。根据励磁线圈和电枢电路的连接方式自激励电机又可以分为串联式和并联式电机。

串联式电机中的励磁线圈和电枢绕组以串联的形式连接，如图5-11所示。必须尽量降低励磁线圈的内阻。以交流电压为例，在每一个半波下励磁场和电枢电流的方向都会改变，因此电机也可以在交流电压下使用。为了避免出现涡流，定子的铁芯必须由一个

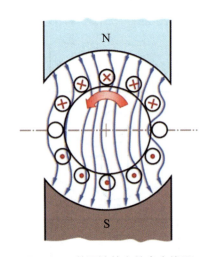

图5-9　共用铁芯上的多个线圈

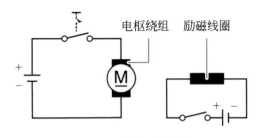

图5-10　外部激励电机

叠板制成。串联式电机的转速主要取决于其负荷的大小（串联特性曲线）。因此仅允许串联式电机使用基本负荷，否则随着输出转矩的下降其转速将会大幅升高。没有基本负荷，可能导致转速进一步升高，电机会因为过大的离心力而损坏。

串联式电机的优点是启动转矩较高，缺点是负荷转矩主要取决于转速。转速升高时负荷转矩则会降低。并联式电机的主要优点是"转速恒定性"，即负荷出现变化时转速基本保持不变。但它也有一定的局限性，当其内部电枢电压发生变化时，场激励则会保持不变。场效应采用的设计可以在发动机处于静止时（电枢电压=0）使激励装置长时间保持接通状态。并联式电机中的励磁线圈和电枢绕组以并联的形式连接，如图5-12所示。

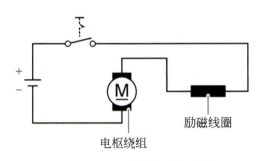

图5-11 串联式电机的电路图

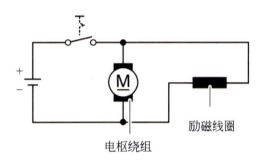

图5-12 并联式电机的电路图

5.2.2 三相电机

三相电机是一种电动机械式转换器，可以作为电动机或发电机使用。作为电动机使用时可以通过三相电流产生旋转电磁场，作为发电机使用时则可以产生三相电流。三相电流是一种带有三个相位的交流电流（电流的主要导体）。三相电流的名称源自其产生方式。

从图5-13可以看出三个相位在时间轴上都有对应的时间点，因此可以确定各个位置上的三个交流电压之和为零。

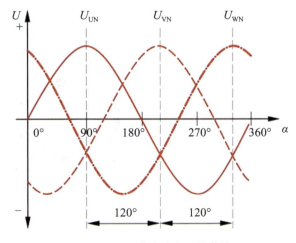

图5-13 三个交流电压的曲线

为了能够产生旋转磁场，需要三个针对三相电机中心轴旋转120°的线圈。通常这三个线圈安装在三相交流电机的定子上，如图5-14所示。通过这三个线圈提供相位差为120°的交流电压。线圈以星形电路或三角形电路连接，如图5-15所示。可以根据需要选择线圈连接形式。重要的是三个内部有电流流动的绕组相之间的相位差为120°。旋转磁场可以使三相交流电机的结构更为简单。

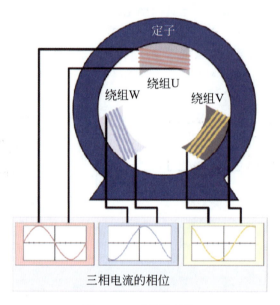

图5-14 定子的结构

在星形电路中U_2、V_2和W_2支路在星形交叉点N处相互连接在一起。每个支路的起始点U_1、V_1和W_1与星形电路的外部导体连接。在三角形电路中每个线圈的支路起始点都与另一个线圈的支路相连。原则上将所有线圈依次连接。外部导体L_1、L_2和L_3从连接部位与用电器相连。通过线圈的相互连接，在布线时三个相位L_1、L_2和L_3仅需三根导线。三角形电路结构的三相交流电机采用了与三支路三相电流绕组定子基本相同的结构，只是定子结构稍有不同。可通过定子结构来区分同步和异步电机。

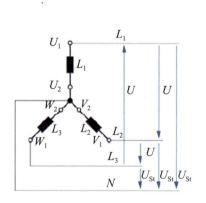
（a）星形电路

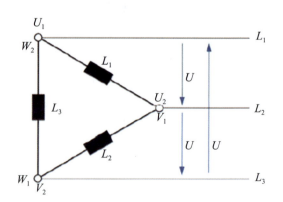
（b）三角形电路

图5-15 绕组相的星形和三角形电路

5.2.3 同步电机

三相电流同步电机是一种电动机械式转换器，可作为由三相电流驱动的电动机或产生三相电流的发电机使用。在发电站中同步电机主要作为可以产生电能的发电机使用。在车辆中同步电机也可作为发电机为用电器提供电能和为电池充电，如图5-16所示。如今在中等功率范围内很少使用同步电机，但是这一现象即将改变，因为将会在电动车辆上大量使用同步电机。同步电机的结构如图5-17所示。

通过永久磁铁（小型电机）或电磁铁（大型电机）在同步电机的转子中产生磁场。通过电磁铁在同步电机的转子中产生磁场需要安装滑动触点，相对较小的电流只有通过该触点才能流入。与直流电机不同，同步电机无需集电环。

图5-16 车辆上的发电机

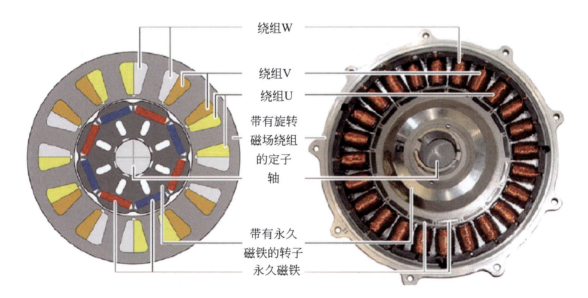

图5-17 同步电机的结构

同步电机通常采用内极电机的设计，如图5-18所示。此外还有另外一种型号的电机，这种电机的定子绕组安装在电机内部，而带有永久磁铁的转子则安装在电机外部，这种设计称为带有外部转子的电机。

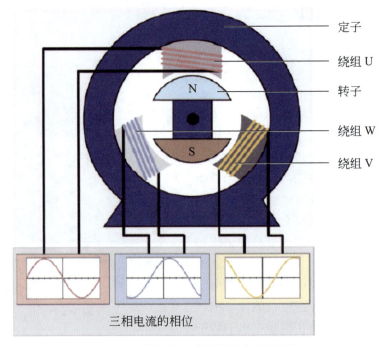

图5-18 带有永久磁铁的同步电机结构

如果在定子的绕组上施加一个三相电流,则会产生相应的旋转磁场。转子的磁极随着该旋转磁场的方向进行相应的转动,这样就可以使转子转动。转子转动的速度与旋转磁场的转速相同,该转速也被称为同步转速,同步电机也因此得名。通过三相电流的频率和极点数量精确地规定了同步电机的转速。

为了能够对同步电机的转速进行无级调节,必须使用变频器。通过机械装置或利用变频器,使同步电机在额定转速下运行并使其保持同步。同步电机在电动车辆中已广泛使用。因为借助永久磁铁,转子不必使用其他外部能量就可以产生磁场,因此这种电机具有非常高的功率密度和效率(>90%)。同步电机工作范围如图5-19所示。

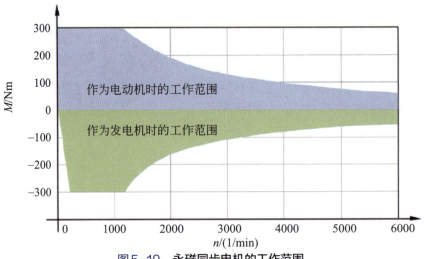

图5-19 永磁同步电机的工作范围

永磁同步电机的其他优点包括：惯量较小，维修费用低廉，转速不受负荷影响。同步电机的缺点是：磁铁材料的采购成本较高，调节成本较高，无法自动运行。

5.2.4 异步电机

三相电流异步电机可以作为电机或发电机使用。异步电机的特点是不为转子直接提供电流，而是通过与定子旋转磁场的磁场感应产生转子磁场。因为转子使用了定子旋转磁场产生的感应电流，所以通常异步电机也被称为感应式电机。转子通常采用带有后端短路导体棒的圆形罐笼。异步电机结构如图5-20所示。

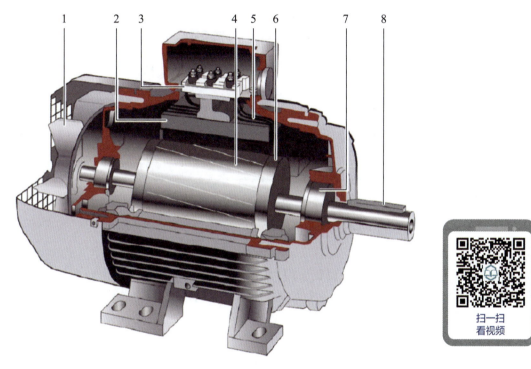

图5-20 异步电机的结构

1—风扇；2—支架叠板；3—端子板（电源接口）；4—带有转子棒的转子叠板；5—支架绕组；6—短路环；7—滚珠轴承；8—轴

通过定子绕组的旋转磁场对定子导体回线内的磁流变化产生影响。这样就会和短路导体棒内的电流产生一个感应电压。该电流同样可以产生磁场。楞次定律指出，感应电流产生的磁场总是阻碍引起感应电流的磁通量的变化。因此产生的转矩可以使转子按照定子旋转磁场的方向进行转动。定子和转子旋转磁场之间的相对速度是引起感应的原因。转子的转速不允许达到定子旋转磁场的转速，因为这样会使导体回线内的磁通量变化为零，从而无法产生感应电压。定子旋转磁场转速和转子转速之间的差被称为异步转速。异步转速的大小取决于负荷。定子旋转磁场和转子以不同的转速旋转，也就是说没有同步转动，因此这种电机被称为异步电机。异步电机与直流电机相比其优点是结构简单且坚固耐用。这里的主要优点是不再需要集电环和电刷。

由于异步电机结构简单,因此价格便宜且所需维护较少,所以异步电机通常作为电动机使用。

从电气角度来看,异步电机就像一个变压器。定子绕组为初级,短路的导体棒为次级。自调节电流取决于转速。

怠速运行时异步电机的替代电路图主要由Rs和Xs构成,如图5-21所示,因此电机接收的几乎都是无功功率。只要转子没有转动,变压器的次级侧始终处于短路状态。因此需要提供一个较高的电流和一个较强的磁场。在该启动范围内,电机的效率较差且会产生很高的温度。只要电枢开始转动且已适应周围的旋转磁场,那么电流就会变小且效率也会得到提高。通过供电电子装置和可以提高或降低频率的变频器实现异步电机的转速控制。

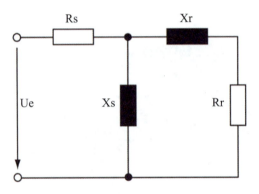

图5-21 异步电机的替代电路图

Ue—电源电压;Rs—定子绕组的欧姆电阻;Xs—定子绕组的感应电阻;Xr—转子的感应电阻;Rr—转子的欧姆电阻

异步电机的优点:使用寿命较长;因为可以简便地安装和拆除电刷,所以维护费用较低;制造成本相对较低;可以自动运行;短时间内可以承受较强的过载;设计坚固。

异步电机的缺点:与永磁同步电机相比,在高转矩利用率方面的效率较低;未使用带有启动控制的变频器时启动转矩较小。

定子是通过功率电子装置来获得交流电供给的。铜绕组内的电流会在定子内产生旋转的磁通量(旋转的磁场),这个旋转磁场会穿过定子,如图5-22所示。异步电机转子的转动要稍慢于定子的转动磁场(这就是异步的意思)。

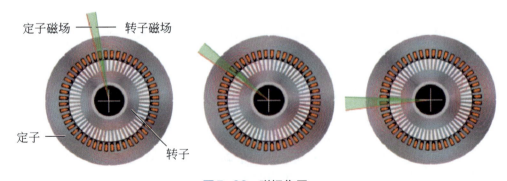

图5-22 磁场作用

这个差值我们称之为转差率（转子和定子内磁场之间的转速差）（也叫滑差率）。于是就在转子的铝制笼内感应出一个电流，转子内产生的磁场会形成一个切向力，使转子转动。叠加的磁场就产生了转矩。异步电机工作原理如图5-23所示。

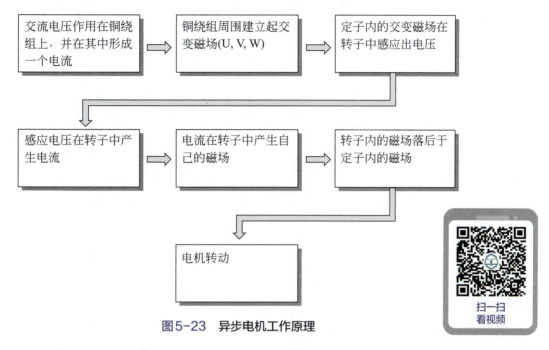

图5-23　异步电机工作原理

在电驱动模式时，功率电子装置将高压电池的直流电转换成三相交流电（交流）。这个转换是通过脉冲宽度调制来进行的。转速是通过改变频率来进行调节的，电驱动装置电机的转矩是通过改变单个脉冲宽度的接通时间来进行调节的。频率与转速的关系如图5-24所示。

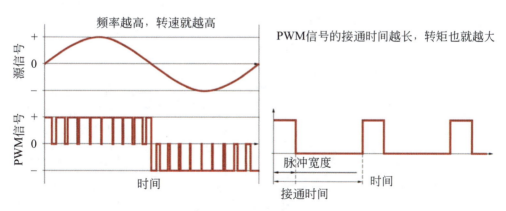

图5-24　频率与转速的关系

一台有2个极对的异步电机要想达到1000r/min的旋转磁场转速，需要使用3334Hz的交流电。因受到异步电机转差率的限制，所以转子转得要慢些。

第6章 驱动电机典型构造

6.1 异步电机
6.2 同步电机

6.1 异步电机

6.1.1 特斯拉 MODEL S

MODEL S 车型驱动单元组件位置如图 6-1 所示，驱动系统部件位置如图 6-2 所示，驱动系统接口管路分布如图 6-3 所示。

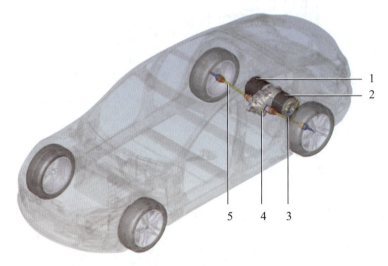

图 6-1 驱动单元组件位置

1—驱动变频器；2—电动机；3—传动轴 LH；4—变速箱；5—传动轴 RH

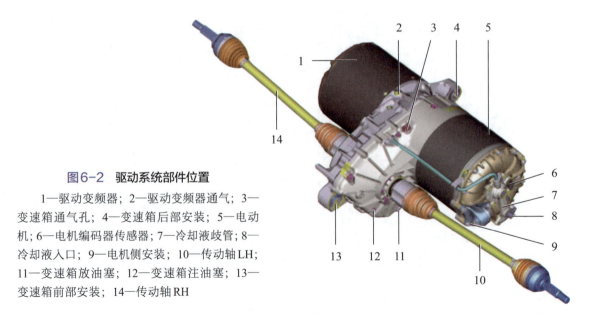

图 6-2 驱动系统部件位置

1—驱动变频器；2—驱动变频器通气；3—变速箱通气孔；4—变速箱后部安装；5—电动机；6—电机编码器传感器；7—冷却液歧管；8—冷却液入口；9—电机侧安装；10—传动轴 LH；11—变速箱放油塞；12—变速箱注油塞；13—变速箱前部安装；14—传动轴 RH

第6章 驱动电机典型构造

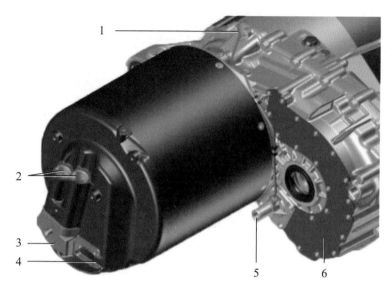

图6-3 驱动系统接口管路分布

1—通气管；2—高压电缆入口；3—高压电缆连接盖；4—12V连接器；5—冷却液出口；6—变速箱冷却器

电动机、变速箱和变频器驱动器组成了驱动单元组件。组件的组成部分高度集成，利用共享的接口和互连来降低系统复杂性并提高可靠性。这三个组成部分不能直接拆解，只能在干净的环境中使用适当的工具和测试设备打开。

驱动单元组件通过集成在变速箱壳体中的前后变速箱安装座固定在后副车架上，并通过螺栓将第三个安装座固定在电动机壳体上。

所有旋转电机必须具有变化的磁场才能感应旋转并产生转矩。有刷电动机通过在转子旋转时机械地接通和断开线圈来产生转矩。交流感应电动机没有电刷，它们使用交流波形来改变电动机中的磁场并产生转矩。

驱动逆变器将来自电池组的直流电（DC）转换为电机定子中的三个交流电（AC）。电流波形彼此异相120°，并在定子中产生旋转磁场。定子磁场在转子中感应出电流。感应的转子电流产生与定子磁场相反的第二磁场。互相作用的两个磁场产生电动机转矩。

电动机的速度取决于驱动变频器提供的交流电的频率。电动机的转矩取决于交流电的幅度。

顶级驱动器电机的最大转速为16000r/min。

基本型电动机轴转速在6500～9000r/min之间时，转矩为415Nm，功率为270kW。

性能型电动机轴转速在5500～9000r/min之间时，转矩为590Nm，功率为310kW。

驱动逆变器在基本驱动单元中向电动机提供900A均方根值的功率，在Performance驱动器单元中提供1200A均方根值的功率。驱动电机内部构造如图6-4所示。

三相交流感应电动机由一个定子和一个转子组成，转子和定子容纳在一个铝制铸件中，与变速箱的一半共享。这种集成度使电机与变速箱不可能分开。集成的优点是减少了驱动单元系统的总成本和机械体积。

图6-4 驱动电机内部结构

1—A、B和C励磁绕组；2—转子轴承；3—电机编码器；4—电机编码器传感器；5—转子；6—定子

定子由一叠钢叠片组成。在定子内，槽包含电动机的导电绕组和绝缘膜的各层。定子温度传感器藏在绕组内部。定子直接连接到变频器，不使用电动机电缆或连接器。这样可以减少电动机电缆而降低系统成本、故障率、辐射排放和总成质量。减少电缆和连接中的电阻损耗也有助于提高驱动单元的效率和车辆续航里程。

转子由一叠钢叠片组成，在圆周上均匀分布铜导体条。转子安装在中心轴上，中心轴的两端均由轴承支撑，以实现平稳旋转。

驱动系统使用两通道霍尔效应传感器测量电机速度。传感器监视安装在转子轴上的编码器轮齿的旋转。传感器输出是两个彼此相位相差90°的方波。驱动逆变器控制板使用编码器信号的频率确定电机速度，并使用两个信号的相位确定电机方向。

传感器和驱动逆变器之间的连接在驱动单元外部，并穿过后副车架线束。驱动变频器为编码器以及传感器的接地回路供电。可以通过拔下线束并拧下安装螺栓在现场更换电动机速度传感器。驱动变频器安装位置如图6-5所示。

图6-5 驱动变频器安装位置

1—驱动变频器；2—高压电缆入口；3—高压电缆连接盖；4—12V连接器

6.1.2 奥迪 e-tron

奥迪 e-tron 车上使用的驱动电机是异步电机。电机的主要部件有：带有3个呈120°布置铜绕组（U，V，W）的定子，转子（铝制笼型转子）。转子把转动传入齿轮箱。为了能达到一个较高的功率密度，静止不动的定子与转动着的转子之间的气隙就得非常小。电机与齿轮箱合成一个车桥驱动装置。

车桥驱动装置有两种不同类型，其区别体现在电机相对于车桥的布置上。前桥上采用平行轴式电机（APA250）来驱动车轮，结构如图6-6所示，后桥则采用同轴式电机（AKA320）来驱动车轮。

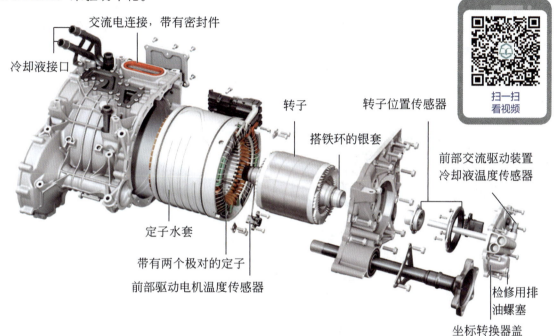

图6-6 前驱电机总成分解

以奥迪 e-tron 为例，前桥电驱动装置电机技术参数如表6-1所示。

表6-1 前驱电机技术参数

项目	参数
电机代码	EASA
结构形式	平行轴式异步电机
转子类型	内转子
冷却	水冷
冷却液	G12evo
额定电压DC	360V
持续功率（30min）[在7.000（1/min）时]	70kW
峰值功率（10s）	135kW
转矩，在持续功率（30min）时	95Nm
转矩，在峰值功率（10s）时	309Nm

6.2 同步电机

6.2.1 宝马i3

宝马i3所用电机是同步电机。其基本结构和工作原理与带内转子的永磁同步电机相同。转子位于内部且装备了永久磁铁，定子以环形方式布置在转子外围，如图6-7所示，由安装在转子凹槽内的三相绕组构成。如果在定子绕组上施加三相交流电压，所产生的旋转磁场（在电机运行模式下）就会"带动"转子内的磁铁。

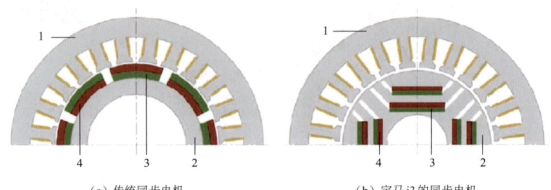

(a) 传统同步电机　　(b) 宝马i3的同步电机

图6-7　同步电机的基本结构

1—定子；2—转子挡板套件；3—永久磁铁南极；4—永久磁铁北极

宝马i3驱动电机技术参数如表6-2所示。

表6-2　驱动电机技术参数

项目	参数
额定电压	360V
额定电流	400A 均方根值
最大峰值功率	125kW 最长持续时间为30s
最大持续功率	约75kW 持续
最大转矩	250Nm，0～5000r/min 转速范围内
最大转速	约11400r/min
质量	约49kg

为改善技术数据，在此主要更改和优化了转子的结构。转子的永久磁铁采用全新布置方式，其挡板套件对磁力线的走向可产生有利影响。这样一方面提高了转矩，另一方面可使定子绕组内的电流强度较低，因此与传统同步电机相比效率较高。电机内部结构如图6-8所示。

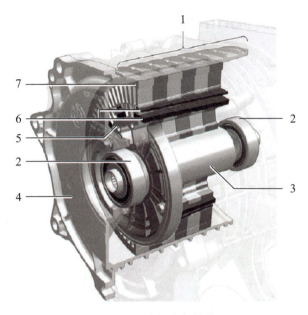

图6-8 电机内部结构

1—冷却通道；2—深沟球轴承；3—驱动轴；4—内部壳体；5—转子内的挡板套件；6—转子内的永久磁铁；7—定子挡板套件

为避免因温度过高而造成组件损坏，电机内有两个温度传感器，并且位于定子绕组内。转子温度并不直接测量，而是根据定子内的温度传感器测量值进行确定。两个温度传感器都是取决于温度的NTC型电阻。其信号以模拟方式由电机电子装置读取和分析。

为确保电机电子装置正确计算和产生定子内绕组电压的振幅和相位，必须知道准确的转子角度位置。因此在离开变速箱的驱动轴端部处有一个转子位置传感器。电机内部传感器位置如图6-9所示。

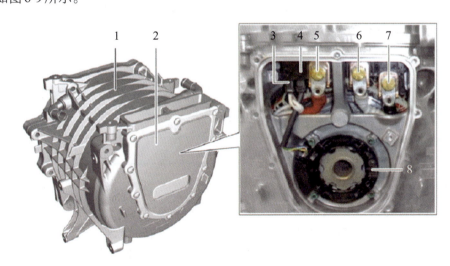

图6-9 电机内部传感器位置

1—外部壳体；2—壳体盖；3—转子位置传感器接口；4—定子内的温度传感器；5—高压接口U；6—高压接口V；7—高压接口W；8—转子位置传感器

6.2.2 宝马ActiveHybrid 7

宝马ActiveHybrid 7针对电动驱动装置使用外部转子结构的永磁同步电机。"外部转子"表示带有永久磁铁的转子以环形方式布置在外侧。可产生磁场的绕组布置在内侧，构成定子。电机结构如图6-10所示，电机技术参数见表6-3。

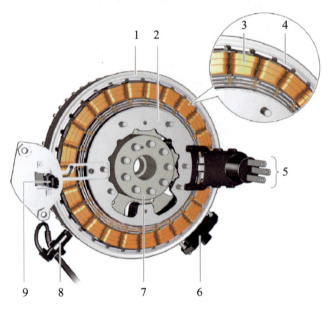

图6-10　电机的结构

1—转子；2—定子；3—定子内的绕组；4—转子内的永久磁铁；5—高电压接口；6—转子位置传感器；7—转子（与曲轴连接的内侧部分）；8—曲轴传感器；9—温度传感器

表6-3　电机技术参数

项目	技术参数	项目	技术参数
质量	约23kg	电动机运行模式下的最大转矩	160Nm，1000r/min
电动机运行模式下的额定电压	105V	发电机运行模式下的额定电压	135V
电动机运行模式下的最大功率	15kW	发电机运行模式下的最大功率	19kW
用于启动发动机的最大转矩	210Nm，0～400r/min		

作为轻混合动力车型，该车无法实现纯电动行驶，因此在电动机与发动机之间无需连接。所以在所有行驶状态下，曲轴、电动机和变速箱输入轴的转速均相同。因此在该车上，电动机始终朝一个方向旋转。电动机的转子与发动机的曲轴和自动变速箱的变矩器连接，如图6-11所示。因此动力传动系统的组件布置方式与并联式混合动力装置相同。发动机和电动机两个驱动装置的转矩可以同时施加到变速箱输入轴上。

在运行模式下，电动机的绕组温度不允许超过约200℃。因此需通过一个温度传感器测量某一绕组内的温度。为此使用一个负温度系数（NTC）热敏电阻。电动机电子装置通过

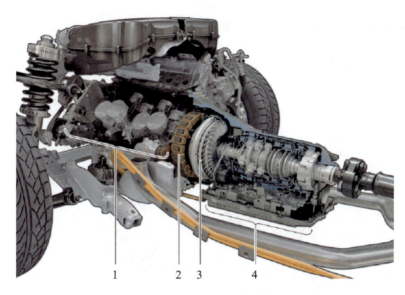

图6-11 电动机的安装位置

1—N63发动机；2—电动机；3—自动变速箱的变矩器；4—自动变速箱（GA8HP70Z）

测量电压和电流确定电阻并由此计算出温度。当绕组温度接近最大允许温度时（约180℃），就会降低电动机功率。这项用于保护组件的功能由电动机电子装置控制。

转子位置传感器用于探测电动机转子的准确位置。与曲轴传感器不同，转子位置传感器还可以探测一个象限内的准确位置。这是精确控制电动机必不可少的一项要求，因为根据转子位置必须在定子绕组上产生电压。这样高的精准性是使用曲轴传感器无法达到的。曲轴传感器设计用于较高转速和准确测量车速。

转子位置传感器的工作原理以转子的磁性变化为基础。因此转子外侧采用正弦结构。传感器元件由使用交流电压驱动的两个线圈构成。转子移动时，磁性就会发生变化。线圈上的感应电压和电流强度也会随之变化，由此可以确定转子位置。电动机上传感器的安装位置如图6-12所示。

图6-12 电动机上的传感器安装位置

1—高电压接口；2—温度传感器接口；3—曲轴传感器；4—齿廓作为曲轴传感器的探测器；5—正弦结构作为转子位置传感器的探测器；6—转子位置传感器

6.2.3 宝马ActiveHybrid X6

宝马ActiveHybrid X6的两个大功率电机（67kW和63kW）和"双模式主动变速箱"集成在一个与传统自动变速箱大小相仿的壳体内，如图6-13所示。

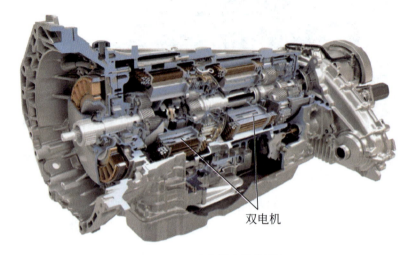

图6-13 双电机安装位置

电机A和B共同构成了混合动力驱动装置的电气部分。它们都集成在主动变速箱内，如图6-14所示。电机的技术参数见表6-4。

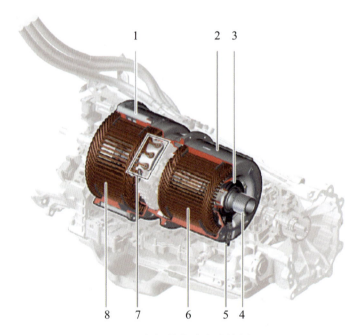

图6-14 电机的主动变速箱剖面图

1—电机A；2—电机B；3—电机B的转子；4—主动变速箱的主轴；5—电机B的电机位置传感器接口；6—电机B定子上的绕组；7—电机A三相高压接口；8—电机A定子上的绕组

表 6-4 双电机技术参数

参数	电机 A 数值	电机 B 数值
最大功率	3000r/min 时 67kW	2500r/min 时 63kW
最大转矩	0～2500r/min 时 260Nm	0 至 2000r/min 时 280Nm
最高转速	10500r/min	13500r/min
额定电压	300V	300V
额定电流强度	300A	300A

两个电机均为永磁同步电机，既可以作为电动机又可以作为发电机。

6.2.4 宝马 X5 xDrive40e

宝马 X5 xDrive40e 的混合动力组件作为单个组件集成在变速箱壳体内，在变速箱壳体内占据液力变矩器的安装空间。电机的安装位置和附属组件如图 6-15 所示，电机技术参数见表 6-5。

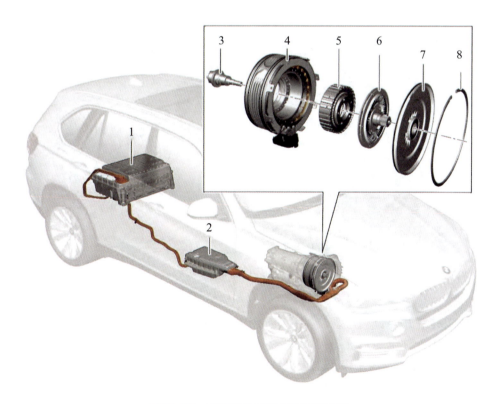

图 6-15 电机的安装位置和附属组件

1—高压电池单元；2—电机电子装置；3—空心轴；4—电机；5—分离离合器；6—附加扭转减振器；7—电机端盖；8—卡环

表 6-5 驱动电机技术参数

项目	参数
供应商	ZF Friedrichshafen AG
最大转矩（<1s）	250Nm，0～2700r/min
转矩（持续）	98Nm，0～3100r/min
最大功率（<10s）	83kW，3170r/min
功率（持续）	55kW，自5000r/min 起
效率	最高96%
最大电流	450Aeff
运行转速范围	0～7200r/min
质量（不包括扭转减振器）	约26kg

电机的主要组件包括转子和定子、接口、转子位置传感器、冷却系统，如图6-16所示。

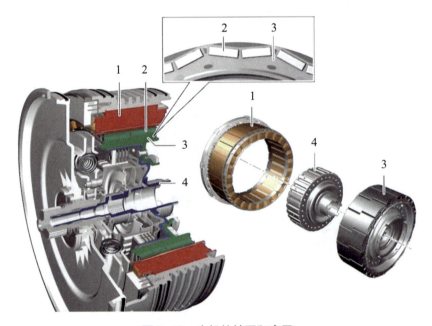

图6-16 电机的转子和定子

1—定子；2—永久磁铁；3—转子；4—带分离离合器外壳的空心轴

该车属于并联式混合动力系统。发动机和电机均与驱动齿轮机械连接。驱动车辆时不仅可以单独使用一种驱动系统还可以同时使用两种驱动系统。电机（牵引电机）采用内部转子结构。"内部转子"表示带有永久磁铁的转子以环形方式布置在内侧。可产生磁场的绕组布置在外侧，构成定子。该电机共有8个极对。转子通过一个法兰支撑在转子空心轴上，空心轴以形状连接方式与变速箱输入轴连接。

自动变速箱壳体上有四个电机接口，分别用于温度传感器、两个冷却液管路、转子位置传感器、高压导线，如图6-17所示。

第6章 驱动电机典型构造

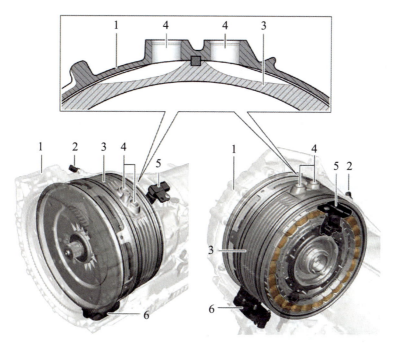

图6-17　电机接口

1—变速箱壳体；2—温度传感器；3—冷却液通道；4—冷却液接口；5—转子位置传感器电气接口；6—高压接口

为确保电机电子装置正确计算和产生定子内绕组电压的振幅和相位，必须了解准确的转子位置。这项任务由转子位置传感器来执行。该传感器与同步电机结构类似，带有一个特殊形状的转子（与电机转子连接在一起）和一个定子（与电机定子连接在一起）。电机电子装置分析转子转动在定子绕组内产生的感应相电压，从而计算转子位置角度。电机传感器安装位置如图6-18所示。

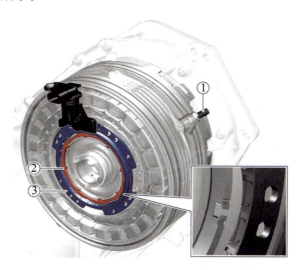

图6-18　电机传感器安装位置

1—温度传感器；2—转子位置传感器的转子；3—转子位置传感器的定子

6.2.5 奔驰 S400 HEV

奔驰 S400 HV 的电机转子与曲轴直接相连，并位于发动机与自动变速箱之间，如图 6-19 所示。

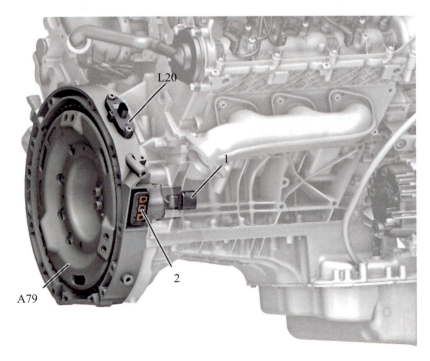

图 6-19 驱动电机安装位置

1—电气插头连接；2—UVW 螺纹连接；A79—电机；L20—转子位置传感器

盘形电机是持续通电同步电机，安装在发动机与自动变速箱之间，具有起动机和高压发电机的功能。该设计也被称为起动机-发电机。电机充当减振元件，以降低行驶/扭转振动。根据工作模式，电机可以沿曲轴转动方向施加转矩，以启动发动机（发动机模式），或沿曲轴转动方向的反方向施加转矩，以对高压电池充电（发电机模式）。起步过程中，电机为发动机提供支持（升压模式）；施加制动过程中，部分制动能量被转化为电能（再生制动）。

各种工作模式（发动机模式/发电机模式）之间的切换由电力电子控制单元进行控制。电力电子装置通过三条母线与电机的三个电源相连。三相电流根据工作模式和转子的位置进行调节。三相电流产生一个磁场，并与转子磁场一起产生转动所需的转矩。如图 6-20 所示为驱动电机剖面图。

调节电机时需要用到当前转子位置的相关信息。为此，即使电机静止，转子位置传感器也会提供振幅信号，并将其传送至电力电子控制单元，以计算角度并由此计算转速。

集成在定子绕组中的温度传感器记录绕组的温度，并将其作为电压信号传送至电力电子控制单元。如果超出特定的温度阈值，则电力电子装置会激活相应的功率限制功能，以防止电机过热。电机部件分解与传感器位置如图 6-21 所示。

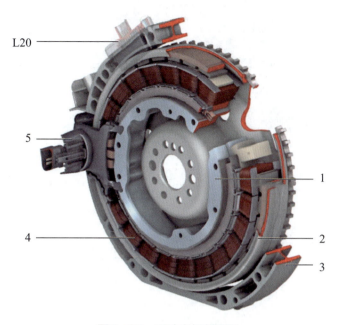

图6-20 驱动电机剖面图

1—定子架；2—带增量环和位置传感器轨的转子；3—中间壳体；4—带线圈的定子；5—电气螺纹连接和温度传感器连接器；L20—转子位置传感器

图6-21 驱动电机分解与传感器位置

1—带线圈的定子；1/1—电气螺纹连接和温度传感器连接器；2—定子架；3—带增量环和位置传感器轨的转子；4—中间壳体；B70—曲轴霍尔传感器；L20—转子位置传感器

第 7 章
电力电子功率器件

7.1 常用电子功率器件
7.2 电动驱动装置

EV BATTERY/ MOTOR AND ELECTRIC CONTROL

7.1 常用电子功率器件

7.1.1 供电电子装置

供电电子装置是电工学范围内的一种装置,也是一种可以进行连接、控制和电能转换的电子元件。供电电子装置的元件和电路由可控硅二极管和晶闸管构成。这种元件可以在非常高的电压和电流下进行连接(最高可达4500V和1500A)。

在较低功率范围内也可使用可控硅二极管和晶闸管。晶闸管是一种开关元件,可以通过控制电极和门上的控制电压对其接通时间进行调节。可以反方向同时接通且可以共同控制的带有两个晶闸管的部件称为三端双向可控硅开关。可以进行电能转化的变压器和旋转设备都不能算作供电电子装置。供电电子装置主要是可以以电压的形式转化电能,电压和电流的大小与频率相同。

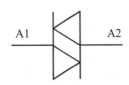

图7-1 两端交流开关元件的电路符号

两端交流开关元件是一种电子部件,如果在其两个接口处施加超过一定限制的电压,它将具备传导交流电压的特性,其电路符号如图7-1所示,该电压被称为击穿电压。两端交流开关元件也被称为"双向二极管"和"交流电流二极管",因此也可称为Diac(Diode for Alternating Current,交流电流二极管)。

因为不能给出极性,所以两个接口被称为正极1和正极2。由于Diac采用了双向结构,所以可以接通交流电压。只要在接口(A1和A2)上施加的电压超过规定门电压,就可以将其击穿并使P-N段具备导电功能。只有流过Diac的电流超过规定值时电阻才会增大,此时无法继续传导电流。为了能够产生一个下降沿较为倾斜的触发脉冲,两端交流开关元件主要用于三端双向可控硅开关元件制成的触发开关中。

晶闸管是一种半导体结构的元件,由四层或多层半导体层可变掺杂物质制成,其结构与电路符号如图7-2所示。Thyristor(晶闸管)名称是由英文Thyratron(闸流管)和Resistor(电阻)组合而来。晶闸管包括一个负极、一个正极和一个控制电极(门)。初始状态下晶闸管双向都不导通,流通方向始终处于禁用状态,直至门上的电流脉冲接通。通过门上的一个正极电流脉冲使其进入导通状态。负荷电路内通过切断电压或转换电压极性,使晶闸管进入阻隔状态。与普通二极管一样对阻隔方向的电流进行阻挡。

在交流电流的电路中经常会使用晶闸管。例如,晶闸管调节器可以作为软启设备对笼式异步电机开始工作时的启动电流和转矩进行监控。晶闸管整流器也可用于直流电机的转速控制。

三端双向可控硅开关是一种采用半导体层结构的电子部件,原则上由两个反方向连接的晶闸管组成,其电路符号如图7-3所示。三端双向可控硅开关可以进行电流的双向导通。

（a）结构　　　　　　　　　（b）电路符号

图7-2　晶闸管的结构与电路符号

A—正极；G—门；K—负极

三端双向可控硅开关包括一个控制电极G（Gate）和A1、A2两个正极。通过在控制电极上施加的控制电压，三端双向可控硅开关可以进行双向导通。因此只需要一个控制接口就可以满足两个晶闸管的需要。三端双向可控硅开关安装了两个引爆装置，这样就可以使用正极和负极控制脉冲使其进入接通状态。三端双向可控硅开关并不适用于较大的电流，因此在供电电子装置范围内主要还是使用晶闸管。

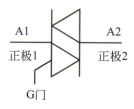

图7-3　三端双向可控硅开关的电路符号

以电压形式或电压和电流大小进行电能转换的电路称为整流器。根据其功能可以分为直流整流器、逆变器和变流器。

通过整流器可以将交流电压转换为直流电压。相反，也可以将直流电压转换为交流电压，但需要使用逆变器。通过直流电流调节器可以将直流电压转换成较高或较低的直流电压。直流电流调节器也被称为DC/DC转换器。使用交流电流调节器可以将交流电压转换为另一种较高（振幅）的交流电压。如需改变交流电压的频率，则必须使用变频器。在混合动力车辆中，供电电子装置需要在直流电压和交流电压之间进行双向转换。此外，借助供电电子装置可以对电机的工作点进行灵活调节。整流器与电流调节器的变换关系如图7-4所示。

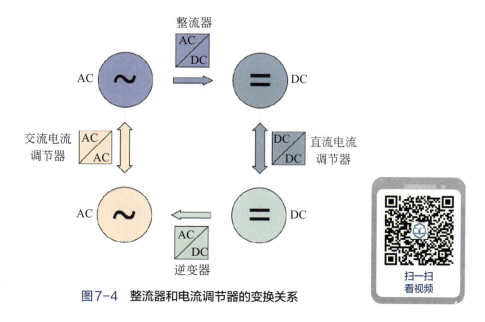

图7-4　整流器和电流调节器的变换关系

使用整流器可以将交流电压转换为直流电压，其电路符号如图7-5所示。整流器由多个互联起来的二极管构成。二极管控制交流电压的各个半波成为一个共同的方向，这样就会产生间歇式的直流电压。为了获得纯直流电压，必须使用电容或扼流圈对经过整流器的电压进行平滑处理。可以通过无需控制的半导体二极管或利用可控晶闸管实现整流。可控整流器需要固定的控制电压，通过该电压在特定的时间打开和关闭电子开关以起到整流作用。可控整流器通过电子开关如晶闸管和金属氧化物半导体场效应晶体管实现其功能。不可控整流器在进行交流电整流时没有附加的控制电子装置。

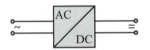

图7-5 整流器的电路符号

单通道整流器只能对交流电压的半波进行整流，而另外半波则无法通过，如图7-6所示。这种电路的缺点是波纹大、效率低。为了能够使用这种经过整流的电压，必须进行平滑处理。波纹具有与输入电压相同的频率。

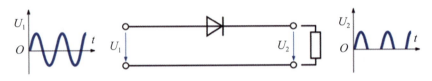

图7-6 单通道整流器

可以通过双通道整流器（包括桥式整流器和格列茨电路）来避免单通道整流器的缺点。电路由四个二极管构成，如图7-7所示。左侧施加的交流电压将被转换为一个（右侧所显示的）脉动直流电压。

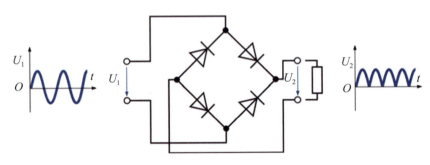

图7-7 双通道整流器电路

因为经过双通道整流，所以交流电压的负半波振幅在直流电路中的用电器R上呈现为正振幅。波纹的频率是输入电压频率的2倍，因此可降低用于电压平滑处理的费用。该电路的效率也得到了显著改善。

通过六线圈桥式电路也可以对三相电流进行整流。通过所采用的6个二极管可以充分使用三相导线上的所有半波。经过整流的直流电流仅具有较小的波纹，如图7-8所示。这种电路可以在例如车辆发电机电压的整流中使用。

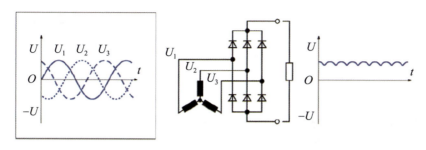

图7-8 三相电流全波整流器

可控整流器除了整流还可以进行功率调节。例如可在直流电机转速控制范围内使用。带有晶闸管的可控整流器可作为调节阀阻止电流进行双向流动，直至调节阀的控制电极上出现触发脉冲。在图7-9中以蓝色矩形表示晶闸管的触发脉冲。控制脉冲熄灭后产生电流（以红色显示）。只有电流下降到某一限值时，晶闸管再次对其进行阻止且必须在下一个半波振幅中对其进行重新触发。

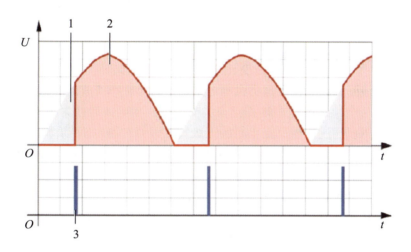

图7-9 通过晶闸管接通时间点的推移对可控整流器进行功率调节

1—输入电压整流未使用部分；2—输入电压整流所需使用部分；3—用于晶闸管的触发脉冲

可以将直流电压转换为交流电压的整流器称为逆变器，其电路符号如图7-10所示。逆变器采用的设计不仅可以用于单相交流电流，也可以用于三相交流电流（三相电流）。其效率最高可以达到98%左右。驱动用电器需要使用交流电压，但是仅有一个直流电源可供使用，此时就需要使用逆变器。例如，在混合动力车辆中电能存储在高压电池内，为了进行电机驱动就需要使用三相电流。

其他应用情况还包括光电学设备。将直流电压电源的功率输送至交流或三相电流供电系统。

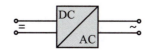

图7-10 逆变器的电路符号

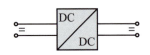

图7-11 直流电流调节器的电路符号

可以通过二极管电路将恒定的输入电压转换为其他数值电压的整流器称为直流电流调节器,也称DC/DC转换器,其电路符号如图7-11所示。电动动力总成技术中采用了直流电流调节器。基本类型包括降压变压器、增压变压器和换流器。采用已广泛使用的功率MOSFET和晶闸管作为开关。因为无需对直流电压进行变压,所以DC/DC转换器可以像电子开关模式电源件一样首先将直流电压转换为交流电压,随后通过变压器将其转换为所需的较高的电压,再在整流器内将该电压转换成直流电压并使用网状过滤器进行平滑处理。受工作原理所限,电流在直流电流调节器处只能单向流动。为了使高压电池的电压降低至12V,必须在部分和全混合动力车辆中使用DC/DC转换器。

为了能够使用辅助启动导线或充电器对高压电池充电,DC/DC转换器需能够双向使用,即可以进行双方向的直流电压转换。

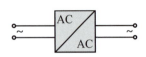

图7-12 交流电流调节器的电路符号

利用交流电流调节器可以将一个交流电压转换为其他数值的交流电压,也可以通过使用变压器实现交流电压的转换,其电路符号如图7-12所示。但是变压器不属于供电电子装置的部件。也就是说,交流电流调节器可以起到类似变压器的作用,但它不是由带有铁芯的线圈制成的,而是由供电电子装置的部件所构成的电路。

变频器可以将带有恒定电压振幅和频率的交流或三相电源转换为另一带有可变电压振幅和频率的电源。可以通过三相交流电机的无级转速调节对该电压/频率进行控制。变频器可以将供电电源的恒定电压和频率转换为直流电压。通过该直流电压可为三相交流电机产生一个新的带有可变电压和频率的三相电源。变频器电路结构如图7-13所示。

电压和频率振幅转换时,通过供电部件中的快速换挡会产生能够通过电源或电磁场进行传输的电流。该电流可能会使测量、控制和调节装置以及数据处理装置等出现故障,因此所有电子设备特别是变频器必须满足电磁兼容性(EMV)的相关规定。

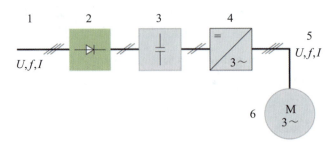

图7-13 变频器电路结构

1—电源电压、电源频率、电源电流强度;2—整流器;3—电容量;4—逆变器;5—可变电压、可变频率、可变电流强度;6—三相交流电机

下面以混合动力车辆中所使用的供电电子装置为例进行说明。部分混合动力的传动系中至少包括一个功率约为10～15kW的电机,如图7-14所示。这样就可以将制动过程中车辆所产生的大部分动能回收存入高压电池。通过AC/DC转换器将发电机的三相电流转换为

直流电压。AC/DC 转换器可以进行双向工作，也就是说借助 AC/DC 转换器可以将高压电池的直流电压转换成三相电流，以便驱动电机。

因为要在混合动力车辆中通过电机实现传统起动机和发电机的功能，所以必须通过 DC/DC 转换器为 12V 车载网络供电。该 DC/DC 转换器同样可以进行双向工作，即可以借助 DC/DC 转换器通过 12V 车载网络对高压电池充电。

图 7-14　部分混合动力的电动传动系

全混合动力与部分混合动力的电气结构相似。区别在于，全混合动力至少需要两个电机。两个电机可以提供较高的功率（20～50kW），以便以纯电动方式行驶。因为有两个电机因此还需要两个 AC/DC 转换器，如图 7-15 所示。

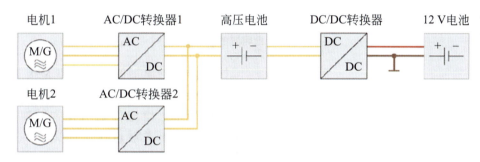

图 7-15　全混合动力的电动传动系

在插入式混合动力中，借助 AC/DC 转换器将家用电源插座中的 220V 交流电转换成可用于高压电池的直流电压，以便为电池充电，如图 7-16 所示。与其他混合动力车辆的电池相比，插入式混合动力的电池能量密度明显偏大。只有这样插入式混合动力车辆以电动方式行驶时才能实现较大的可达里程。通常可以使用一个小排量发动机对插入式混合动力车辆的电动可达里程进行补充。高压电池的充电状态低于某一限值时，使用发动机驱动发电机。借助另一个 AC/DC 转换器将发电机的三相电流转换为直流电压，以便对高压电池进行再次充电。

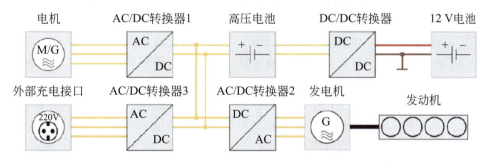

图 7-16　串联插入式混合动力的动力系

7.1.2 电动机械式接触器

电动机械式接触器是一种用于较高断流容量的电气开关。接触器的工作原理与继电器相同,继电器的工作原理如图7-17所示。通过接触器接通的功率非常高,接通范围可从500W直至上百千瓦。

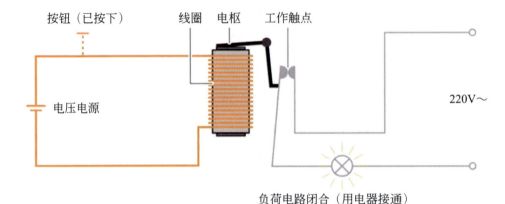

图7-17 继电器的工作原理

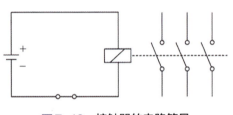

图7-18 接触器的电路符号

接触器与继电器的另一区别是接触器始终采用常闭接点或常开接点的设计,其电路符号如图7-18所示。继电器也可作为转换器使用。此外继电器的开关触点断开简单,而在接触器中则至少需要两次才能断开。

接触器的操纵线圈可以按照交流或直流电压驱动方式进行设计。因为对实心开关触点的快速操作会造成接触器出现机械振动和噪声,关闭接触器时操纵线圈作为感应式用电器会引起干扰电压峰值。为了对控制电子装置进行缓冲就需要一个保护电路。为此需要在交流电流电路中使用一个电阻电容器电路(RC组合电路),在直流电流电路中则需要使用一个空程二极管。为了避免在开关触点上产生断路火花和表面烧伤,同样需要使用RC组合电路。

7.1.3 绝缘栅双极型晶体管(IGBT)

IGBT(Insulated Gate Bipolar Transistor),绝缘栅双极型晶体管,是由BJT(双极型三极管)和MOS(绝缘栅型场效应管)组成的复合全控型电压驱动式功率半导体器件,兼有MOSFET的高输入阻抗和GTR的低导通压降两方面的优点。GTR饱和压降低,载流密度大,但驱动电流较大;MOSFET驱动功率很小,开关速度快,但导通压降大,载流密度小。IGBT综合了以上两种器件的优点,驱动功率小且饱和压降低,非常适合应用于直流电压为600V及以上的变流系统,如交流电机、变频器、开关电源、照明电路、牵引传动等领域。

简单地说,IGBT是一种大功率的电力电子器件,是一个非通即断的开关,IGBT没有放大电压的功能，导通时可以看作导线，断开时当作开路，具有高压、大电流、高速三大特点。

IGBT的等效电路如图7-19所示。由图可知，若在IGBT的栅极和发射极之间加上驱动正电压，则MOSFET导通，这样PNP晶体管的集电极与基极之间呈低阻状态而使得晶体管导通；若IGBT的栅极和发射极之间电压为0V，则MOSFET截止，切断PNP晶体管基极电流的供给，使得晶体管截止。IGBT与MOSFET一样也是电压控制型器件，在它的栅极—发射极间施加十几伏的直流电压，只有微安级的漏电流流过，基本上不消耗功率。

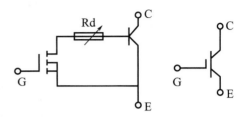

图7-19 IGBT等效电路

如图7-20（a）所示为N沟道VDMOSFFT与GTR组合的N沟道IGBT（N-IGBT）的内部结构断面示意图。IGBT比VDMOSFET多一层P^+注入区，形成了一个大面积的PN结J_1。由于IGBT导通时由P^+注入区向N基区发射少数载流子，因而对漂移区电导率进行调制，可使IGBT具有很强的通流能力。介于P^+注入区与N^-漂移区之间的N^+层称为缓冲区。有无缓冲区决定了IGBT具有不同特性。有N^+缓冲区的IGBT称为非对称型IGBT，也称穿通型IGBT。它具有正向压降小、关断时间短、关断时尾部电流小等优点，但其反向阻断能力相对较弱。无N^-缓冲区的IGBT称为对称型IGBT，也称非穿通型IGBT。它具有较强的正反向阻断能力，但它的其他特性却不及非对称型IGBT。

如图7-20（b）所示的简化等效电路表明，IGBT是由GTR与MOSFET组成的达林顿结构，该结构中的部分是MOSFET驱动，另一部分是厚基区PNP型晶体管。简单来说，IGBT相当于一个由MOSFET驱动的厚基区PNP型晶体管，它的简化等效电路如图7-20（b）所示，图中的RN为PNP晶体管基区内的调制电阻。从该等效电路可以清楚地看出，IGBT是用晶体管和MOSFET组成的达林顿结构的复合器件。图中的晶体管为PNP型晶体管，MOSFET为N沟道场效应晶体管，所以这种结构的IGBT称为N沟道IGBT，其符号为N-IGBT。类似的还有P沟道IGBT，即P-IGBT。

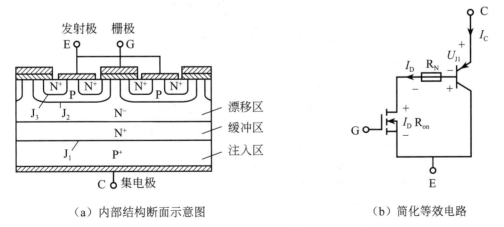

(a) 内部结构断面示意图　　　(b) 简化等效电路

图7-20 IGBT结构与简化电路

日常生活中，使用的都是交流电，发电厂发出来的也都是交流电，但如果你想给电动车充电，必须把交流变成直流才能充进去，IGBT正好就能实现这个功能。电池放电的时候，通过IGBT把直流电转变成交流电机使用的交流电。这是IGBT的一个功能：交流直流互转。IGBT模块结构如图7-21所示。

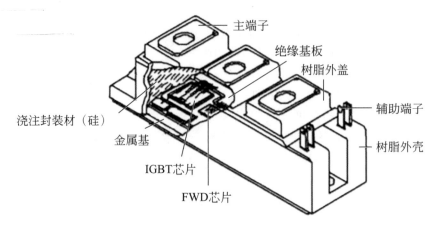

图7-21　IGBT模块结构

IGBT主要应用于电动汽车领域中的以下几个方面：
① 电控系统，大功率直流变交流（逆变器的功能）后驱动汽车电机；
② 车载空调控制系统，小功率直流/交流逆变；
③ 充电桩，智能充电桩中IGBT模块作为开关使用。

IGBT约占电机驱动系统成本的一半，而电机驱动系统占整车成本的15%～20%，也就是说IGBT占整车成本的7%～10%，是除电池之外成本第二高的元件，也决定了整车的能源效率。不仅是新能源汽车，直流充电桩和高铁的核心也是IGBT管，直流充电桩30%的原材料成本就是IGBT。电力机车一般需要500个IGBT模块，动车组需要超过100个IGBT模块，一节地铁需要50～80个IGBT模块。图7-22为比亚迪研发的IGBT模块。

图7-22　比亚迪研发的IGBT模块

7.2 电动驱动装置

7.2.1 宝马i3

宝马i3有一个高压接口和一个低压接口，高压接口由三相组成。电机电子装置内的双向DC/AC转换器产生三相交流电压，该电压传输至电机定子内的绕组，以此控制电机并规定其运行方式——作为电动机或发电机运行。电气导线或接口用螺栓拧紧，上方有盖板保护。图7-23展示了电机与电机电子装置之间的电气接口。

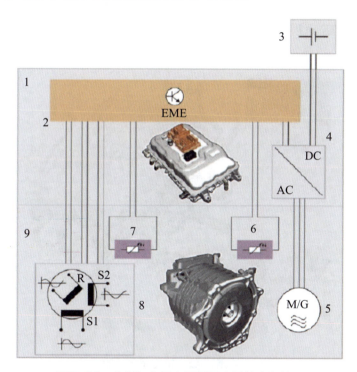

图7-23　电机与电机电子装置之间的电气接口

1—电机电子装置（整体）；2—EME控制单元；3—高压电池；4—双向DC/AC转换器；5—实际电机；6、7—定子温度传感器；8—转子位置传感器；9—电机（整体）

低压接口仅由以下传感器的信号导线组成：定子绕组温度传感器（2个）、转子温度传感器（在一个轴承上）、转子位置传感器。

电机电子装置测量两个温度传感器（采用NTC电阻设计）的电阻，由此确定电机内两个部位的温度。此外电机电子装置还产生用于转子位置传感器的交流电压并分析这些传感器的信号（两个感应交流电压）。电气接口由一个插接连接件构成，该插接连接件像高压接口一样隐藏在共同盖板下。

电机电子装置EME主要用作驱动车辆的电机电子控制装置。该装置的任务是将高压电池的直流电压（最高约DC400V）转换为用于控制电机（作为电动机）的三相交流电压（最高约AC360V）。反之，当电机作为发电机使用时，电机电子装置将电机的三相交流电压转换为直流电压，从而为高压电池充电。该过程在制动能量回收利用期间进行。这两种运行方式都需使用双向DC/AC转换器，该转换器可作为逆变器和直流整流器工作。

通过同样集成在电机电子装置内的DC/DC转换器来确保为12V车载网络供电。此外电机电子装置还有一个控制单元，该控制单元与电机电子装置名称相同，缩写为EME。

整个电机电子装置位于一个铝合金壳体内。在该壳体内装有控制单元、用于将交流电压转换为直流电压从而为高压电池充电以及将高压电池直流电压转换为三相交流电压的双向AC/DC转换器、为12V车载网络供电的DC/DC转换器。

电机电子装置上的接口可分为四个类别：低压接口、高压接口、电位补偿导线接口、冷却液管路接口。

图7-24概括展示了电机电子装置的所有接口。

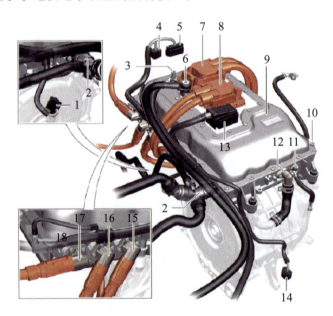

图7-24　带导线电机电子装置的接口

1—驻车锁模块内的电机供电和连自/至驻车锁模块的信号导线；2—冷却液管路（供给，电机电子装置）；3—DC/DC转换器-12V输出端；4，5—低压插头；6—DC/DC转换器+12V输出端；7—至高压电池的高压导线（DC）；8—至增程器EME的高压导线（DC）；9—电机电子装置壳体；10，11—电位补偿导线接口；12—冷却液管路（回流，电机电子装置，至电机）；13—EME低压插头（信号插头）；14—EKK低压插头；15—至电动制冷剂压缩机的高压导线；16—至电气加热装置的高压导线；17—用于交流电充电的高压导线；18—接地接口

图7-25以简化电路图形式概括展示了电机电子装置的低压接口。

在电机电子装置上总共有五个高压接口，用于连接其他高压组件的导线。图7-26展示了电机电子装置与其他高压组件之间的高压连接。

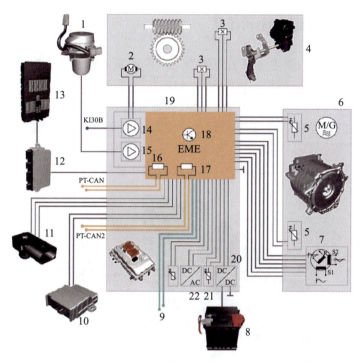

图7-25 电机电子装置的低压接口

1—电动真空泵；2—驻车锁电机；3—位置传感器（霍尔传感器）；4—驻车锁模块；5—两个温度传感器（NTC电阻）；6—电机（整体）；7—转子位置传感器；8—12V电池；9—高压触点监控信号导线；10—碰撞和安全模块；11—车身域控制器；12—制动真空压力传感器；13—用于控制驻车锁模块的输出级；14—用于控制电动真空泵的输出级；15—PT-CAN终端电阻；16—PT-CAN2终端电阻；17—EME控制单元；18—电机电子装置EME（整体）；19—DC/DC转换器；20—DC/DC转换器上的温度传感器（NTC电阻）；21—双向DC/AC转换器；22—DC/AC转换器上的温度传感器（NTC电阻）

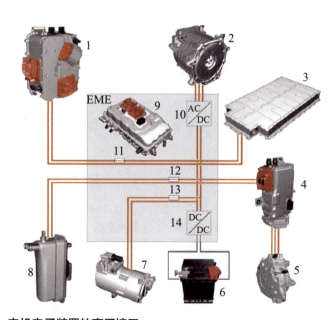

1—便捷充电电子装置；2—电机；3—高压电池；4—增程电机电子装置REME；5—增程电机；6—12V电池；7—电动制冷剂压缩机；8—电气加热装置；9—电机电子装置（整体）；10—电机电子装置内的双向DC/AC转换器；11—便捷充电电子装置供电导线内的过电流保险丝；12—电气加热装置供电导线内的过电流保险丝；13—电动制冷剂压缩机供电导线内的过电流保险丝；14—电机电子装置内的DC/DC转换器

图7-26 电机电子装置的高压接口

7.2.2 宝马ActiveHybrid 7

宝马ActiveHybrid 7的供电电子装置作为电子控制装置用于持续控制动力传动系内的同步电机。在此该装置将高压电池的直流电压（DC120V）转换为用于控制三相交流电机的电压（AC120V）或反向转换，为此需要一个双向逆变器。通过DC/DC转换器来确保14V车载网络供电。F04的整个供电电子装置位于一个铝合金壳体内。在这个壳体内装有控制单元、DC/DC转换器和AC/DC转换器。电机电子装置（EME）位于发动机上左侧，与油底壳等高，用四个螺栓固定，如图7-27所示。整个单元的质量约为12kg。EME外观如图7-28所示。

图7-27 EME的安装位置

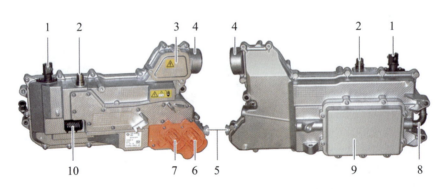

图7-28 电机电子装置的正视图和后视图

1—14V车载网络接口（正极导线）；2—冷却液回流接口；3—汇流排盖板（安装盖板）；4—电机连接管；5—电动空调压缩机接口；6—高压电池接口（HV+）；7—高压电池接口（HV-）；8—冷却液供给接口；9—中间电路电容器盖板；10—信号插头（低电压插头）

EME内部由三个逻辑单元组成：逆变器、为14V车载网络供电的DC/DC转换器以及带混合动力主控功能的电子控制装置。逆变器和DC/DC转换器同样由电子控制装置控制。图7-29展示了EME连接的部件。

EME组件执行的功能：通过DC/DC转换器为14V车载网络供电，为进行跨接启动从14V车载网络为高压电池充电，冷启动时为高压电池提供支持，调节电机（转速、转矩或电压），通过汇流排接通电机，EME冷却，与其他控制单元通信，中间电路电容器主动和被动放电到电压低于60V，极性接错保护，为高压接触监控主动分析信号（互锁），自检和诊断功能。

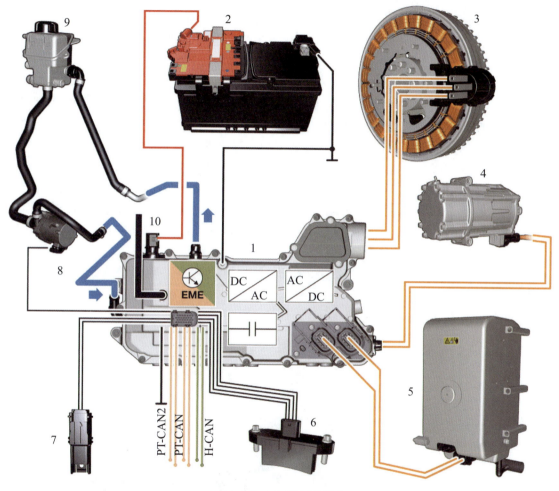

图7-29　EME系统概览

1—电机电子装置；2—12V电池；3—电动机；4—电动空调压缩机；5—高压电池；6—转子位置传感器；7—温度传感器（电动机绕组）；8—电动冷却液泵50W；9—冷却液补液罐；10—通风管路

7.2.3　宝马X5 xDrive40e

宝马X5 xDrive40e的电机电子装置EME用作电机的电子控制装置。同时该装置也负责将高压电池单元的直流电压（最高约DC399V）转换为用于控制电机（作为电机）的三相交流电压（最高约AC360V）。反之，将电机用作发电机，电机电子装置将电机的三相交流电压转换为直流电压，从而为高压电池单元充电。例如进行制动能量回收利用时，对于这两种运行方式来说都需使用双向DC/AC转换器,该转换器可作为逆变器和直流整流器工作。通过同样集成在电机电子装置内的DC/DC转换器来确保为12V车载网络供电。

整个电机电子装置位于一个铝合金壳体内。在该壳体内装有控制单元、双向DC/AC转换器以及用于为12V车载网络供电的DC/DC转换器。EME控制单元还执行其他任务。负责管理高压电池单元所提供高压的高压电源管理系统也集成在EME内。此外EME还带有用于控制12V执行机构的不同输出级。

电机电子装置内部由四个子组件构成:双向DC/AC转换器,单向AC/DC转换器,DC/DC转换器,EME控制单元。供电电子电路也由中间电路电容器构成,用于平滑电压和过滤高频部分。

电机电子装置通过上述子组件执行以下功能:出现故障和不稳定的行驶状态时限制传动系统的力矩;通过EME控制单元控制内部子组件;通过DC/DC转换器为12V车载网络供电;通过DC/AC转换器调节电机(转速、转矩);高压电源管理系统;电机的接触连接;高压电池单元的接触连接;在静态运行模式下为高压电池单元充电;在行驶运行模式下为高压电池单元充电(通过能量回收利用);与其他控制单元进行通信,特别是DME(数字式发动机电子系统)、SME和DSC(动态稳定控制系统);冷却电机电子装置;控制用于冷却电机电子装置EME的电动冷却液泵;控制电动真空泵;控制车内空间截止阀;分析第二个智能型电池传感器;主动分析高压触点监控信号(高压互锁);中间电路电容器主动和被动放电到60V以下;自检和诊断。

电机电子装置上的接口可分为四类,低压接口、高压接口、电位补偿导线接口、冷却液管路接口,如图7-30所示。

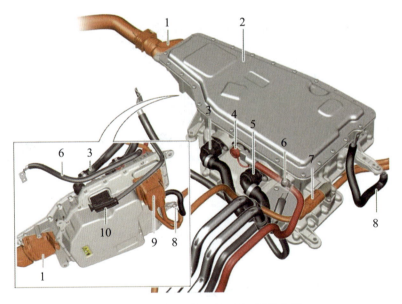

图7-30 电机电子装置的导线/管路和接口

1—连接电机的高压导线(交流电);2—电机电子装置壳体;3—冷却液回流管路接口;4—DC/DC转换器+12V输出端;5—冷却液供给管路接口;6—DC/DC转换器-12V输出端;7—用于便捷充电电子装置交流电充电的高压接口;8—电位补偿导线接口;9—连接高压电池单元的高压导线(直流电);10—低压插头

在电机电子装置的外部低压插头上汇集以下导线和信号：EME控制单元供电（前部配电盒的总线端30B和接地）、FlexRay总线系统、PT-CAN总线系统、PT-CAN2总线系统、唤醒导线、用于发送碰撞信号的ACSM信号导线、控制车内空间截止阀、高压触点监控电路输入端和输出端（EME控制单元分析信号并在电路断路时关闭高压系统，形成SME的冗余）、控制电动真空泵、用于EME的电动冷却液泵、PWM信号、分析电机的转子位置传感器信号、分析电机的温度传感器信号、附加电池的智能型电池传感器IBS2、LIN总线、连接充电接口模块LIM的信号导线。如图7-31所示。

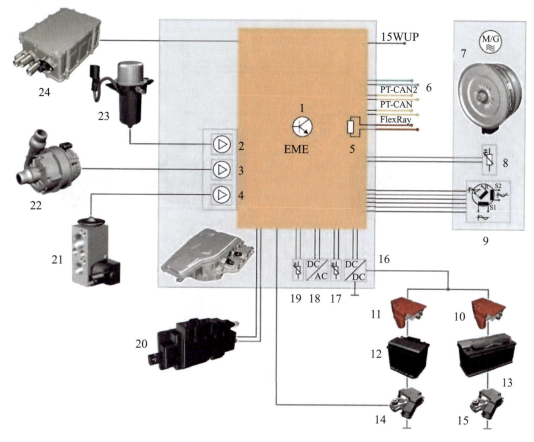

图7-31　电机电子装置的低压接口

1—电机电子装置EME；2—用于控制电动真空泵的输出级；3—用于控制电动冷却液泵的输出级（EME的冷却液循环回路）；4—用于控制截止阀的输出级；5—FlexRay终端电阻；6—高压触点监控信号导线；7—电机（整体）；8—温度传感器（NTC电阻）测量电机输出端的冷却液温度；9—转子位置传感器；10—安全型电池接线柱SBK；11—附加电池安全型电池接线柱SBK2；12—附加12V电池；13—12V电池；14—智能型电池传感器2IBS2；15—智能型电池传感器IBS；16—单向DC/DC转换器；17—DC/DC转换器上的温度传感器（NTC电阻）；18—双向DC/AC转换器；19—DC/AC转换器上的温度传感器（NTC电阻）；20—碰撞和安全模块；21—车内空间截止阀；22—电动冷却液泵（80W）；23—电动真空泵；24—便捷充电电子装置KLE

电机电子装置上总共有三个高压接口，用于连接其他高压组件的导线，如图7-32所示。用于电动制冷剂压缩机和电气加热装置的接口位于便捷充电电子装置上。

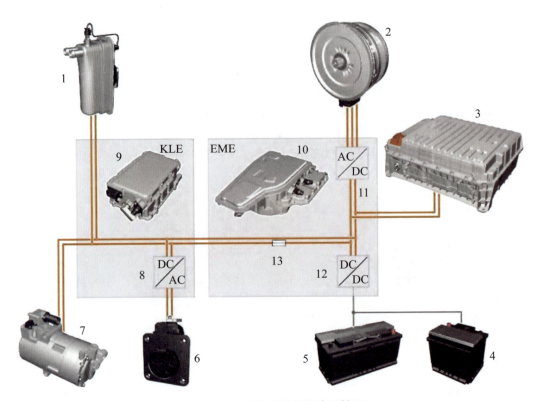

图7-32 电机电子装置的高压接口

1—电气加热装置；2—电机；3—高压电池单元；4—附加电池（12V）；5—车辆电池（12V）；6—高压充电接口；7—电动制冷剂压缩机；8—单向AC/DC转换器；9—便捷充电电子装置；10—电机电子装置（整体）；11—双向DC/AC转换器；12—单向DC/DC转换器；13—过电流保险丝［在连接电动制冷剂压缩机和电气加热装置的供电导线内（80A）］

第8章 电机传动系统

8.1 行星齿轮式典型构造
8.2 直接齿轮传动系统

8.1 行星齿轮式典型构造

8.1.1 行星齿轮箱

行星齿轮箱的基本结构如图 8-1 所示。

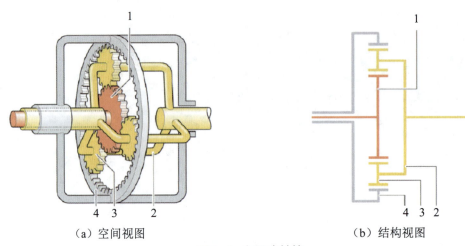

（a）空间视图　　　　　　　　　　　（b）结构视图

图 8-1　行星齿轮箱

1—太阳轮；2—行星齿轮架；3—行星齿轮；4—齿圈

行星齿轮箱的基本特性是可以提供不同的传动比。通过使用不同的输入和输出轴以及一个用于固定的第三轴实现不同的传动比。

例如：

大传动比：太阳轮进行驱动，齿圈制动，行星齿轮在齿圈的内啮合齿上滚动。行星齿轮架与被驱动太阳轮的转动方向相同。因为被驱动太阳轮的转动速度明显快于行星齿轮架，所以传动比较大。

$$i = n_{输入}/n_{输出} = n_{太阳轮}/n_{行星齿轮架}$$

小传动比：齿圈进行驱动，太阳轮制动，行星齿轮在太阳轮的外啮合齿上滚动。行星齿轮架的旋转方向与被驱动的齿圈相同。因为输入和输出之间的转速比例较之前小，所以传动比较小。

$$i = n_{输入}/n_{输出} = n_{齿圈}/n_{行星齿轮架}$$

负传动比：太阳轮进行驱动，行星齿轮架制动。行星齿轮使齿圈的旋转方向与动力输入方向相反。此时产生方向相反的大传动比。

$$i = n_{输入}/n_{输出} = n_{太阳轮}/n_{齿圈}$$

例如在自动变速箱中就使用了行星齿轮箱的不同传动比，使用了多个相互连接的行星齿轮箱，同时使用固定连接，例如在第一个行星齿轮箱的行星齿轮架和另一个行星齿轮组的太阳轮之间。不仅在行星齿轮组之间而且在行星齿轮组与壳体之间同样使用了开关连接。在安装了传统自动变速箱的部分混合动力车辆中同样使用了这种行星齿轮箱。

在混合动力车辆中还使用了行星齿轮箱的其他一些特性：三根轴上转矩和功率的分配。能够进行所谓功率分流的行星齿轮箱也称为功率分流式混合动力驱动装置。通过对电机转速和转矩的任意控制以及将电机同时作为发电机和电动机使用，在技术上实现了混合动力车辆的功率分流功能。毫无疑问，对发动机转速和转矩进行电子控制是实现混合动力车辆功率分流功能的前提条件。在图8-2中显示了功率分流功能的原理。为了使其浅显易懂，忽略了例如摩擦等一些因素。

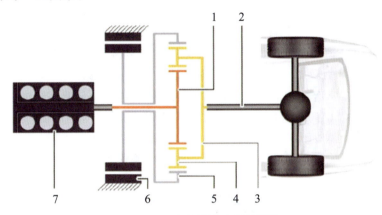

图8-2 功率分流功能的原理

1—太阳轮；2—输出轴；3—行星齿轮架；4—行星齿轮；5—齿圈；6—电动机；7—发动机

说明：太阳轮上带有发动机的行星齿轮箱、齿圈上的电机和输入轴上的行星齿轮架。下面将详细介绍发动机和电机的不同运行状态以及对输出轴所产生的影响。

（1）发动机转动时所产生的驱动力矩通过太阳轮传输至行星齿轮箱

通过电子控制方式使电机保持静止状态，此时齿圈转速为零。这种状态与使用开关连接固定外壳的变速箱类似。根据太阳轮和行星齿轮架之间的传动比，将独立的发动机驱动力矩传送至输出轴。输出轴上的输出功率与发动机的驱动功率大小相同，因为带有电机的路径所以不吸收功率也不提供功率。

（2）发动机再次通过太阳轮将驱动力矩传输至行星齿轮箱

此时启动作为电动机的电机。这意味着根据传动比将由发动机和电动机提供的转矩叠加至输出轴。但是转速也要根据相应的传动比进行工作。对发动机和电动机进行控制时必须注意转速，以便对输出轴上所需总转矩和所需转速进行调节。也就是说，可以通过电动机上的转速变化更改发动机至输出轴的传动比。因为可以对电动机的转速进行持续控制，这样就能够在混合动力车辆中持续改变传动比，这种作用有助于发动机始终在最佳工作效率范围内工作。

（3）当电机不是作为电动机而是作为发电机工作时也可以使用行星齿轮箱的功率分流功能

电机像"机械式用电器"一样工作并吸收转矩。从发动机的转矩中扣除该转矩（根据传动比），这将导致施加在输出轴上的转矩出现相应的下降。此处也可以通过控制电机转速和转矩使发动机在效率较高的工作范围内运行（例如高负荷时在中等转速范围内工作）。电机所吸收的机械能不会流失，而是被转换成电能。在混合动力车辆中，由供电电子装置负责将这些电能存储在高压电池内。

8.1.2 奥迪e-tron单速齿轮箱

奥迪e-tron单速齿轮箱0MA拥有双级减速比和最新的行星齿轮式轻结构差速器。另外，它还配备有电动机械式驻车锁。

转矩转换分为两级：第一个减速级是采用简单行星齿轮副从太阳轮轴传至行星齿轮和行星齿轮架，第二个减速级是借助圆柱齿轮机构把转矩从行星齿轮架传至差速器。行星齿轮式轻结构差速器的一个特点，就是它需要很小的轴向空间。第一个减速比中的行星齿轮架可通过驻车锁来锁住。这样的话，驻车锁齿轮就与行星齿轮架连接在一起了。

奥迪e-tron采用SCHAEFFLER公司生产的行星齿轮式轻结构差速器。这种结构的优点在于它特别适合用于奥迪e-tron的电驱动机构上。差速器结构如图8-3所示。轴向空间很小但可传递转矩很大，重量明显降低了（与传统的锥齿轮差速箱相比）。

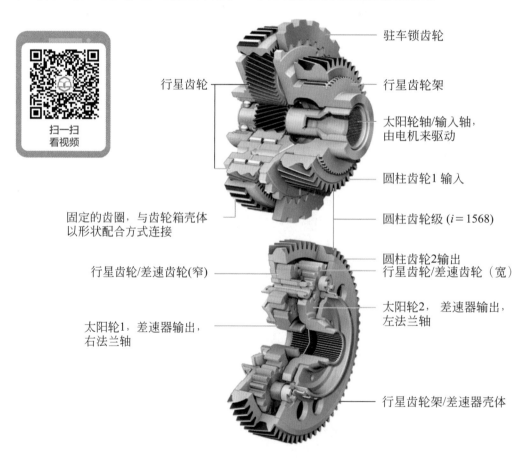

图8-3　行星齿轮式轻结构差速器1

行星齿轮式轻结构差速器是一种开放式圆柱齿轮差速器，它会把输入力矩均等地分配到两个输出端（50∶50）。这个驱动力矩经圆柱齿轮2被传至差速器壳体上。差速器壳体用作行星齿轮架，它又会把力矩等量地传至行星齿轮。宽行星齿轮和窄行星齿轮彼此啮合在一起，用作差速器齿轮，把力矩分配到两个太阳轮上，并在转弯时负责所需的车轮转速补偿。窄差速齿轮与小太阳轮1啮合，宽差速齿轮与太阳轮2啮合，如图8-4所示。

图8-4　行星齿轮式轻结构差速器2

这种行星齿轮式轻结构差速器的一个重要特点是结构宽度非常小。具体说这是通过使用两个不同大小的太阳轮来实现的。为了能把力矩均等地传至两侧，齿轮的几何形状是这样设计的：这两个太阳轮的齿数是相同的，由于小太阳轮的齿根相比较而言要窄，所以就把该齿轮加宽了一些，以便能承受负荷。齿轮结构形式如图8-5所示，齿轮部件如图8-6所示。

（a）相同大小的两个太阳轮的形式

（b）不同大小的两个太阳轮的形式

图8-5　齿轮结构形式对比

相同大小的两个太阳轮这种结构要求有3个齿面（1，2，3）和相应的轴向结构空间。不同大小的两个太阳轮的形式（SCHAEFFLER公司的行星齿轮式轻结构差速器）在带有不同大小的两个太阳轮的结构中，行星齿轮副是在小行星齿轮的齿面内啮合的。因此只需要两个齿面（1，2），这就使得轴向结构空间大大减少。

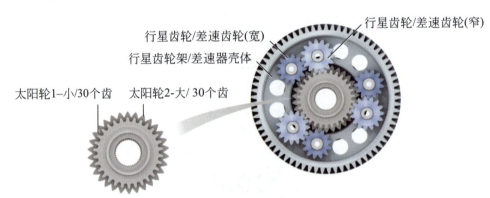

图8-6　行星齿轮组齿轮部件

单速齿轮箱0MB拥有同轴结构双级减速比和行星齿轮式轻结构差速器。这个差速器与0MA-差速器基本相同，只是安装位置有小的变化。

这个双级转矩转换（减速）是采用阶梯式行星齿轮副实现的。第一个减速级是采用阶梯行星齿轮副从太阳轮传至阶梯行星齿轮副的大圆柱齿轮（i=1917）。第二个减速级是通过阶梯行星齿轮的小圆柱齿轮（它支撑在固定不动的齿圈上并驱动行星齿轮架）来实现的（i=4217）。力矩通过行星齿轮架直接传至行星齿轮式轻结构差速器。阶梯式行星齿轮组结构如图8-7所示。

图8-7　阶梯式行星齿轮组结构

行星齿轮架分为两个平面，在第一个平面内与阶梯行星齿轮啮合，在第二个平面内与差速器的行星齿轮（宽和窄）啮合，并由此构成了差速器壳体。

8.1.3 丰田混合动力驱动桥

丰田第四代普锐斯混合动力变速器P610采用了全新的平行双电机结构，新的第四代THS混合动力变速器P610，电机MG1（太阳轮）和发动机（行星架）依旧同轴，但是分别在行星齿轮组两侧。电机MG2不再同轴，通过一个反转从动齿轮减速，并与行星齿轮组的齿圈结合。混动变速器技术参数如表8-1所示，总成剖视图如图8-8所示，内部结构见图8-9。

表 8-1 P610 混合动力驱动桥技术参数

项目		规格
驱动桥类型		P610
换挡杆位置		P/R/N/D/B
动力分配行星齿轮机构	太阳齿轮齿数	30
	小齿轮齿数	23
	齿圈齿数	78
MG2减速器	主动齿轮齿数	17
	从动齿轮齿数	53
中间轴齿轮	主动齿轮齿数	65
	从动齿轮齿数	53
减速齿轮	主动齿轮齿数	19
	从动齿轮齿数	75
总减速比[①]		3.218
油液类型		丰田原厂 ATF WS
油液容量	L（US qts，Imp.qts）	3.6（3.8，3.2）
质量（参考值）[②]	kg（lb）	80.6（177.7）

① 中间轴齿轮和减速齿轮的总减速比。
② 所示质量值为加满油液时的质量。

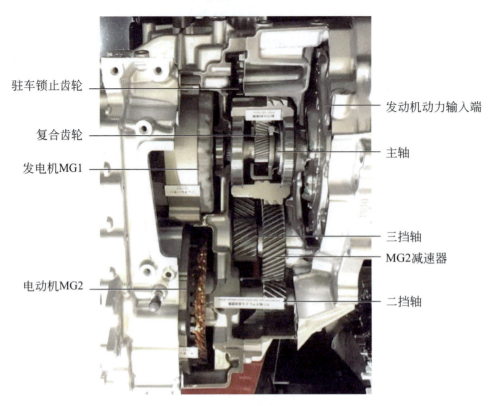

图 8-8 P610 混动变速器剖视图

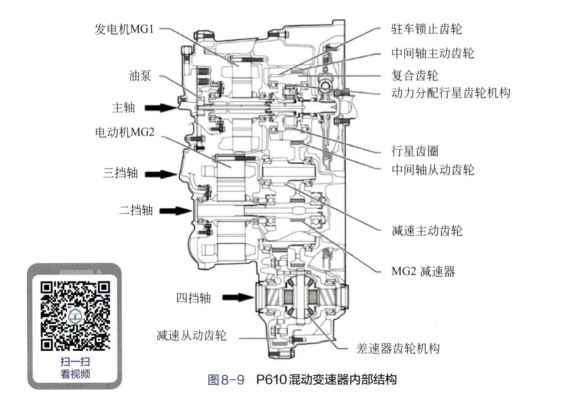

图 8-9 P610 混动变速器内部结构

此驱动桥包括电动机（MG1）（用于驱动车辆）和发电机（MG2）（用于发电），采用带复合齿轮装置的无级变速器装置，实现了平稳、静谧性操作。

混合动力车辆驱动桥总成主要包括发电机（MG1）、电动机（MG2）、动力分配行星齿轮机构、中间轴齿轮、减速齿轮、差速器齿轮机构和油泵。

发电机（MG1）和电动机（MG2）采用多轴配置，缩短了驱动桥总长度。采用由动力分配行星齿轮齿圈、中间轴主动齿轮、驻车锁止齿轮组成的复合齿轮，大幅度减小了尺寸并减轻了重量。

此驱动桥具有4轴结构。动力分配行星齿轮机构、油泵和发电机（MG1）安装在主轴上。MG2减速器和电动机（MG2）安装在二挡轴上。中间轴从动齿轮和减速主动齿轮安装在三挡轴上。减速从动齿轮和差速器齿轮机构安装在四挡轴上。

通过主轴和减速从动齿轮的余摆线油泵甩溅ATF（自动变速箱油）润滑各齿轮。通过采用可在齿轮内甩溅ATF的润滑结构（甩油式润滑方式），减少了油泵驱动损失并提高了传动系统的传输效率。此外，采用了可优化ATF流动的水冷型机油冷却器，实现了高冷却性能，从而实现了高效和高输出动力。

8.1.4　宝马双模式变速箱

通过将两个电机集成在宝马ActiveHybrid X6双模式主动变速箱内，可实现两种驱动方式。双模式主动变速箱以无级ECVT变速箱（电动连续可变变速箱）为基础，该变速箱可在两种功率分支式运行状态下工作。顾名思义，双模式主动变速箱可以明显改变电动和机械传输功率的比例。根据行驶情况，可通过电机、发动机驱动或以可变比例使用两种驱动装置驱动。

处于模式1时主要在低速行驶状态下通过使用电机显著降低耗油量，同时产生附加驱动力。处于模式2时则在高速行驶状态下降低电动传输功率，同时提高发动机效率（通过负荷点调节）和燃油效率。处于这种模式时，两个电机以不同方式工作，除提供电动驱动助力和发电机功能外，还特别负责以最高效率划分挡位。

在变速箱内部，七个前进挡位通过四个固定的基本挡位和具有可变传动比的两个模式实现。在四个固定的基本挡位中，发动机和变速箱输出轴的转速比固定不变。而具有可变传动比的模式则不同：发动机与变速箱输出轴的转速比能够进行连续可变调节，因此这种模式称为"CVT"（Continuously Variable Transmission，无级变速）。

由于主动变速箱具有两个CVT模式，因此资料中通常也称其为"双模式主动变速箱"。通过集成在主动变速箱内的两个电机对传动比进行电动调节。因此这两种模式也称为"ECVT"，其中"E"代表"电动"。电动机作为混合动力驱动装置的主要组成部分还用于为发动机提供支持（助力）以及回收利用制动能量。四个固定的基本挡位和两个ECVT模式通过三个行星齿轮箱和四个片式离合器实现或连接。

因此从狭义角度来说，主动变速箱包括两个电机、三个行星齿轮组、四个片式离合器，如图8-10所示。

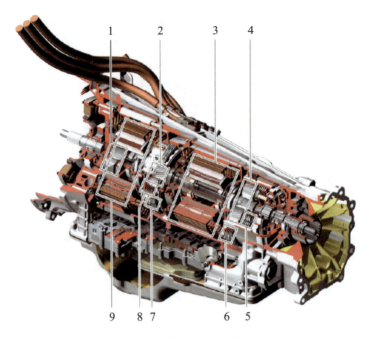

图8-10 主动变速箱剖面图

1—行星齿轮组1；2—行星齿轮组2；3—电机B；4—行星齿轮组3；5—片式离合器2；6—片式离合器1；7—片式离合器3；8—片式离合器4；9—电机A

主动变速箱包含三个行星齿轮组，这些行星齿轮组也在变速箱油中运动，如图8-11所示。行星齿轮组用于产生不同的基本挡位以及主动变速箱内的各种状态。

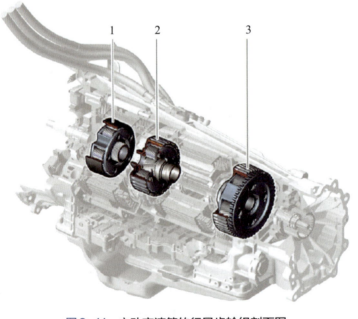

图8-11 主动变速箱的行星齿轮组剖面图

1—行星齿轮组1；2—行星齿轮组2；3—行星齿轮组3

主动变速箱共包含四个片式离合器，其连接部件见表8-2。

表 8-2　片式离合器连接部件

片式离合器编号	连接部件	
	部件1	部件2
1	行星齿轮组3的齿圈	变速箱壳体
2	变速箱主轴（和行星齿轮组3的行星齿轮架）	变速箱输出轴
3	行星齿轮组2和3的太阳轮	变速箱壳体
4	行星齿轮组2的齿圈	行星齿轮组2的太阳轮

片式离合器1和3支撑在变速箱壳体上，其作用相当于片式制动器。在四个固定的基本挡位下，始终有两个片式离合器接合，其他两个断开，如图8-12所示。在两个ECVT模式下，始终有一个片式离合器接合，其他三个断开。

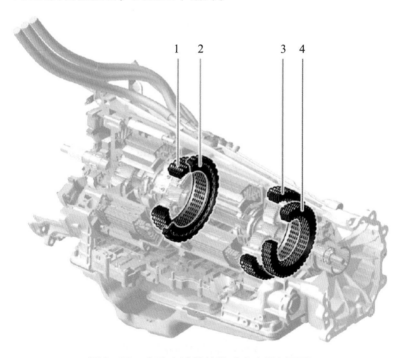

图8-12　主动变速箱的片式离合器剖面图

1—片式离合器4；2—片式离合器3；3—片式离合器1；4—片式离合器2

与传统自动变速箱不同，主动变速箱没有液力变矩器。而且，主动变速箱也没有自动、手动变速箱内自动操控的离合器。那么如何实现发动机转速与输出转速差异巨大的起步过程呢？通过电机可以补偿这一转速差异。在利用发动机起步的过程中，发动机开始时仅驱动两个电机中的一个。该电机产生电能从而驱动第二个电机，同时产生变速箱输出轴上的转矩，最终使车辆移动起来。进行换挡时也需要电机进行工作，它可以为发动机转矩提供支持并确保在片式离合器分离和接合时换挡过程舒适顺畅。仅仅依靠电机还不足以降低发动机的运转不平稳性，因此在发动机与变速箱之间安装了双质量飞轮。变速箱剖面结构如图8-13所示。

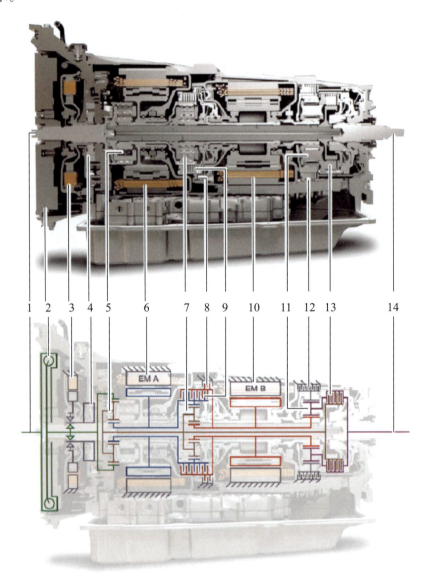

图8-13 主动变速箱的剖面图和结构示意图

1—变速箱输入轴；2—双质量飞轮；3—用于驱动变速箱油泵的电机；4—变速箱油泵；5—行星齿轮组1；6—电机A；7—行星齿轮组2；8—片式离合器3；9—片式离合器4；10—电机B；11—行星齿轮组3；12—片式离合器1；13—片式离合器2；14—变速箱输出轴

具有可变传动比的第一种模式（ECVT1模式）设计用于较低车速和最大牵引力。处于该模式时可以通过以下方式驱动车辆：仅通过电机B；仅通过发动机；通过电机B和发动机。

使用发动机驱动时的传动比可通过以下方式计算：

$i=$ 发动机转速 / 变速箱输出轴转速

该传动比可从无穷大至1.800。"无穷大"表示发动机可以运转,而变速箱输出轴保持静止状态。因此可以像带有液力变矩器时一样起步。可以通过控制两个电机的转速来调节该传动比:电机A转速越高,该传动比越大;电机B以约为4的传动比与变速箱输出轴相连。为了实现ECVT 1模式,在主动变速箱内只有片式离合器1接合,其他片式离合器均断开。

以纯电动方式行驶时,电机A运转时不会产生任何负荷,而电机B则相反。这样可使变速箱输入轴及发动机保持静止状态。动力传输形式如图8-14所示。

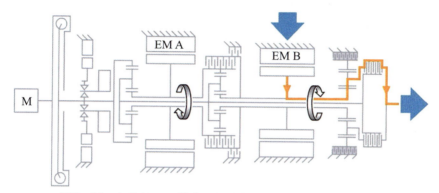

图8-14　在ECVT 1模式下以纯电动方式行驶时的动力传输

采用发动机和电机B混合驱动方式时,发动机功率分为两个部分,也可以说发动机的功率"分支",这就是"功率分支式混合动力"术语的来源。两个部分包括机械和电气:机械部分直接驱动车辆;电气部分,电机A作为发电机使用并产生电量。动力传输形式如图8-15所示。

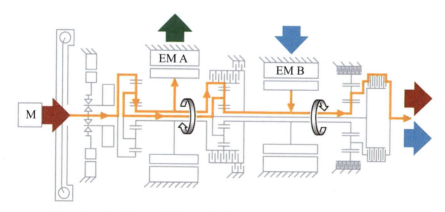

图8-15　在ECVT1模式下以发动机和电机混合驱动时的动力传输

发电机产生的电能可以部分或完全存储在高压电池内。电机B以电机形式吸收电能。电能完全或部分来自电机A或高压电池。各能量的大小取决于很多因素,这些能量由混合动力主控控制单元随时重新计算和调节。

两个ECVT模式的特点在于,除发动机机械驱动路径外还有电动驱动路径。使用电动驱动路径时,发动机借助一个发电机产生电能,这些电能完全或部分通过一个电机驱动车辆。这种电动驱动路径的布置方式与串联混合动力驱动装置相同。

与第一种模式相反，第二个ECVT模式设计用于较高车速。在ECVT 2模式下既可以纯电动方式行驶，也可以启动发动机行驶。发动机的传动比可以在1.800～0.723内调节。与ECVT 1模式下相同，电机转速在此也用作控制参数。根据具体数值可以看出，传动比较ECVT 1模式更小，因此适于较高车速，但电机的传动比也更小。也就是说，它的有效转速范围向更高速度推移。

电机可以为发动机提供支持或为高压电池充电。与第一种ECVT模式相似，通常一个电机作为电动机运行（在此为电机A），另一个作为发电机运行（在此为电机B）。在ECVT2模式下片式离合器2接合，其他片式离合器均断开，动力传输方式如图8-16所示。

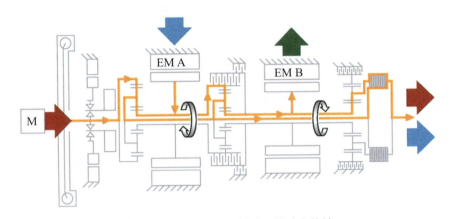

图8-16　在ECVT 2模式下的动力传输

在ECVT 2模式下也可以通过控制电流（考虑到总量）使高压电池充电（发动机负荷点提高）或放电（为发动机提供支持）。运行策略会在考虑最佳总效率的同时调节相应能量流。

与两个ECVT模式不同，对于主动变速箱固定的基本挡位而言，变速箱输入轴与变速箱输出轴间的传动比固定不变。因此发动机转速变化时，车速也会发生相应程度的改变。处于所有固定的基本挡位时（除基本挡位4外），电机均可以无负荷旋转，作为电动机驱动，从而为发动机提供支持，或作为发电机驱动，从而为高压电池充电。

处于固定的基本挡位4时，电机B静止不动，因此只有电机A可以像文中所述的那样灵活使用。变速箱在基本挡位1至4的动力传输如图8-17~图8-20所示。

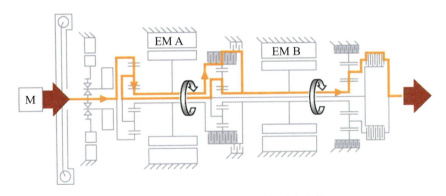

图8-17　处于基本挡位1时的动力传输

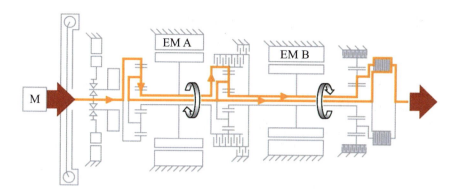

图8-18 处于基本挡位2时的动力传输

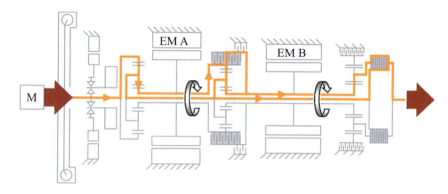

图8-19 处于基本挡位3时的动力传输

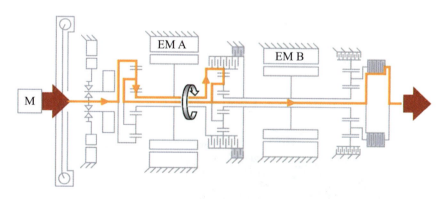

图8-20 处于基本挡位4时的动力传输

电机以发电机方式运行特别适用于滑行阶段或车辆减速时,从而将动能转化为电能并存储到高压电池内。

如果忽略固定基本挡位的不同传动比,那么主动变速箱的工作状态就好像电机和发动机安装在同一根轴上一样。这种布置方式与并联混合动力驱动装置的完全一样。

在主动变速箱内通过接合两个片式离合器可以实现所有固定基本挡位。

由于在发动机与主动变速箱之间没有中央离合器,主动变速箱必须提供一种在变速箱输入轴与变速箱输出轴之间没有动力传输的状态。这样可确保在发动机自由转动的同时车辆不会移动。相反，也可以确保在车轮自由滚动的同时发动机不会输出或吸收转矩。

"没有动力传输"的状态通过断开四个片式离合器来实现。发动机运转时电机也随之运转，此时电机不产生任何负荷，既不作为发电机也不作为电动机。发动机转速超过4000r/min时，电机就会达到超过自身设计要求的过高转速。因此在这种变速箱状态下会通过电子限速使发动机转速低于4000r/min。

全混合动力车辆可实现纯电动行驶方式，即发动机保持静止状态，仅通过电机驱动车辆。这种纯电动行驶方式只能在特定条件下实现，例如只有在最高约60km/h的较低车速下、在高压电池电量充足时、在驾驶员的加速要求适中时。以电动方式行驶时，主动变速箱处于ECVT 1模式（通过电机B驱动）或ECVT2模式（通过两个电机驱动）。

驾驶员松开加速踏板或操作制动踏板时，电机不再作为电动机而是作为发电机工作。电机产生电能并将其存储在高压电池内。

8.2 直接齿轮传动系统

8.2.1 特斯拉单速齿轮变速箱

特斯拉的驱动单元具有一个单速齿轮变速箱，位于电机和变频器之间。变速箱通过两个等长的驱动轴连接到后轮。

变速箱采用三轴副轴装置，两级齿轮减速。铸铝变速箱壳体具有变速箱和变频器通气孔以及注油/液位和放油塞。变速箱部件结构如图8-21所示。

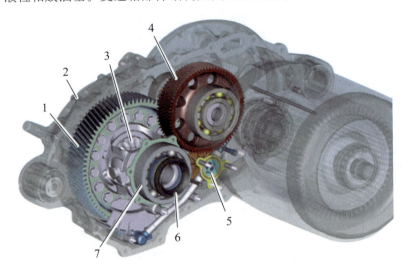

图8-21　变速箱部件结构

1—齿圈；2—变速箱外壳；3—差速器；4—中间轴齿轮；5—油泵；6—传动轴密封；7—差速器轴承

选挡杆和变速箱之间没有机械连接。变速箱齿轮组处于恒定啮合状态。变速箱没有机械空挡或倒挡，也没有驻车棘爪。反转驱动是通过反转电机转矩的极性来实现的。通过使电机断电来实现空挡。

变速箱装有齿轮转子型油泵，该齿轮泵在车辆前进时由差速器驱动。变速箱的设计可在倒车时提供足够的润滑，因为此时不驱动油泵。

机油通过扫气管从变速箱壳体的底部开始清洁，并分配到齿轮和轴承。扫气滤网由金属丝网制成，以防止固体污染物接触油泵、齿轮和轴承。齿轮和轴承润滑后，多余的油会排回到变速箱壳体的底部。油底壳中的磁铁以及电磁排放塞将铁类碎屑挡在齿轮啮合孔之外。

差速器是常规设计，差速器壳用螺栓固定在主减速器上。外壳支撑差速器销、侧齿轮和小齿轮。差速器总成使用深沟球轴承支撑在变速箱总成中。

差速器允许车轮以不同的速度转动，同时提供相等的转矩。输出轴上的整体花键与差速器总成上的主减速器啮合。当输出轴旋转且车轮以相同速度行驶时，转矩将施加到整个组件上，小齿轮不旋转。转矩通过驱动轴传递到车轮。在转弯期间，内轮以较低的速度行进较短的距离。这导致小齿轮绕外轮侧齿轮旋转，因此增加了外轮的速度。

8.2.2　大众0CZ 1挡齿轮变速箱

大众的变速箱和三相电流驱动装置VX54构成一个单元，部件外观如图8-22所示，变速箱技术参数见表8-3。

图8-22　变速箱部件外观

表 8-3 变速箱技术参数

项目	参数
变速箱名称	0CZ
挡位数量	1
传动比等级	2
传动比	阶段1：1.577（Z_1=26；Z_2=41）。阶段2：5.176（Z_3=17；Z_4=88）
最大输入转矩	210Nm
最大输入转速	12000r/min
质量（包括机油）	16.3kg
油量	0.7L
驱动轴	插入式连接

驱动轴通过花键与三相电流驱动装置的转子轴VX54连接。通过转动的转子轴对驱动轴进行驱动。通过齿轮副Z_1–Z_2将力传递到传动轴上。通过齿轮副Z_3–Z_4将力从传动轴传递到主减速器并从主减速器继续传递至车轮。变速箱机械结构如图8-23所示。

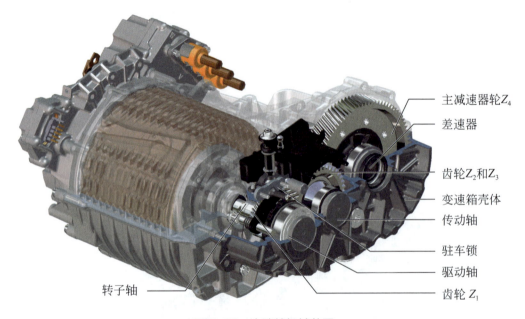

图8-23 变速箱机械装置

8.2.3 宝马i3变速箱

宝马i3的变速箱总传动比为9.7∶1，因此变速箱输入端的转速是变速箱输出端的9.7倍。该传动比通过两个圆柱齿轮对来实现。因此在变速箱内输入轴旁还有一个中间轴。变速箱输出端处的圆柱齿轮与差速器壳体固定连接在一起并驱动差速器。差速器将转矩分配给两个输出端并在两个输出端之间进行转速补偿。从设计角度而言，该差速器与宝马四轮驱动车辆所用前桥主减速器（VAG156）几乎完全一样。为在宝马i3上使用，差速器仅采取了表面加固措施并使用了较高强度材料。变速箱结构如图8-24所示。

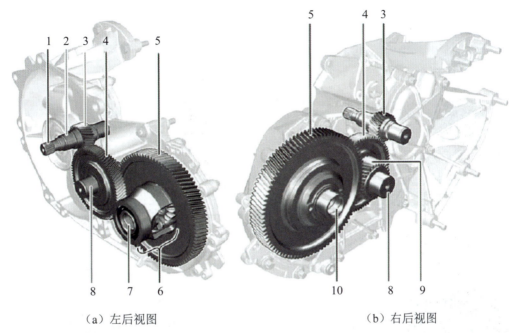

（a）左后视图　　　　　　　　　（b）右后视图

图8-24　变速箱结构

1—啮合轴用于连接电机驱动轴；2—变速箱输入轴；3—输入轴上的圆柱齿轮1；4—中间轴上的圆柱齿轮2；5—变速箱输出端处的圆柱齿轮4；6—差速器；7—左侧半轴接口；8—中间轴；9—中间轴上的圆柱齿轮3；10—右侧半轴接口

图8-25以简化形式展示了变速箱内的转矩传输情况。

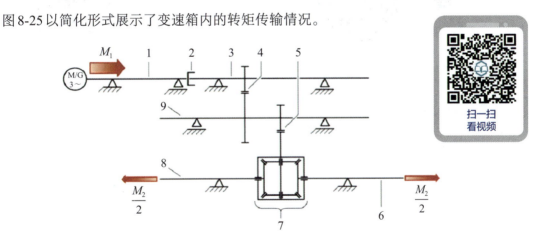

图8-25　变速箱内转矩传输示意图

M_1—电机转矩＝变速箱输入端转矩；M_2—变速箱输出端转矩；$M_2/2$—半轴上的驱动力矩；1—电机驱动轴；2—电机与变速箱之间的结构连接；3—变速箱输入轴；4—圆柱齿轮1和2配对；5—圆柱齿轮3和4配对；6—右侧半轴；7—差速器；8—左侧半轴；9—中间轴

8.2.4 本田ECVT无级变速箱

2016款本田雅阁全混合动力车采用了电动无级变速箱（ECVT），如图8-26所示。

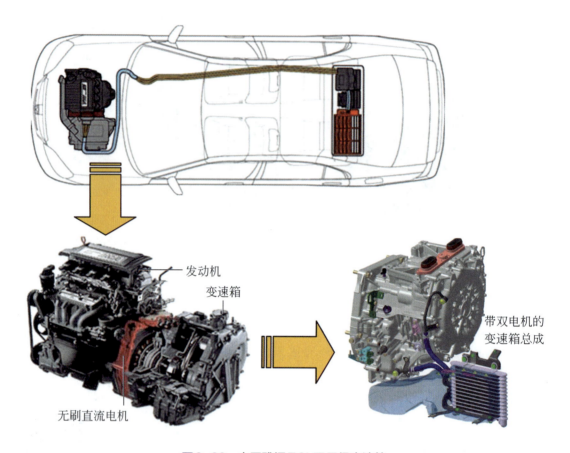

图8-26 本田雅阁ECVT无级变速箱

ECVT通过组合使用发动机、齿轮和电机，提供无级前进速度和倒车。ECVT允许车辆通过电动动力或发动机动力驱动。两种动力均通过变速箱内的齿轮传送到输出轴。

该变速箱无传统的齿轮或带轮变速机构。电机的功率输出特点不同于发动机，可以在运转初期就输出极大的转矩，因此起步时不可过于激烈操作加速踏板，避免出现危险。

ECVT需要定期更换变速箱油（ATF-DW1），且不可分解只能整体更换（虽然没有变速机构，但还有机械传动机构和离合器，需要使用变速箱油，电动机、发电机也要通过变速箱油进行散热）。

图8-27显示了ECVT内部部件，电机最大功率135kW，最大转矩315Nm。

① ECVT（电机/发电机）-运行内部动力传递如图8-28所示。

通过齿轮和轴从两个不同的动力来源传输动力：电机和发动机。

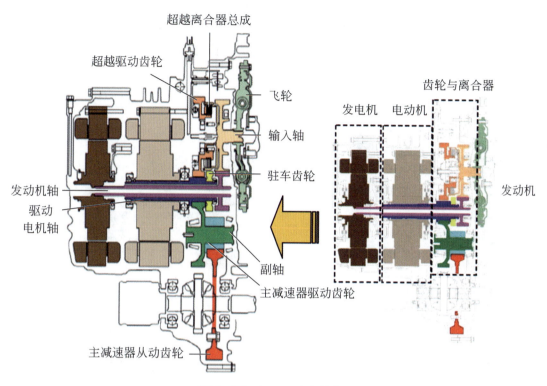

图8-27 ECVT内部结构

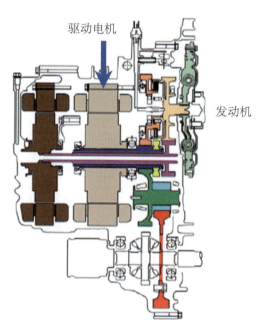

图8-28 电机和发动机运行状态

② ECVT（电机/发电机）-超越离合器运行状态如图8-29所示。

超越离合器改变动力流向路径，在驱动发电机和驱动车轮之间切换发动机动力。

图8-29（a）为不应用超越离合器时的情况：发动机驱动发电机。

图8-29（b）为应用超越离合器时的情况：发动机驱动车轮，旁通发电机。

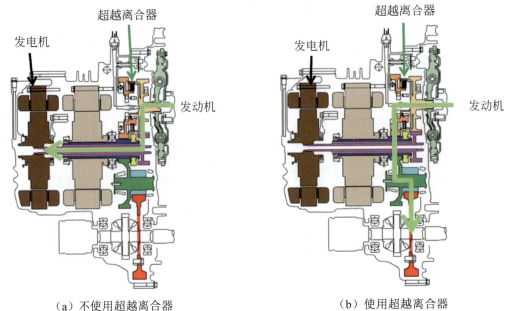

（a）不使用超越离合器　　　　　（b）使用超越离合器

图8-29　超越离合器的应用情形

③ ECVT（电机/发电机）-EV驱动模式运行状态如图8-30所示。

图8-30显示仅电机运行期间，流经变速箱用于前进挡的动力。

动力流向为：电机→电机轴→副轴→主减速器驱动齿轮→主减速器从动齿轮。

④ ECVT（电机/发电机）-混合动力驱动模式运行状态如图8-31所示。

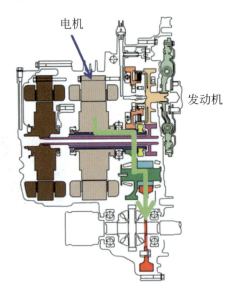
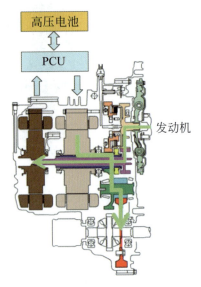

图8-30　EV驱动模式　　　　　图8-31　混合动力驱动模式

图8-31显示当电机和发动机按顺序运行时,流经变速箱用于前进挡的动力。

发动机动力流向为:发动机→飞轮→输入轴→发电机齿轮→发电机→PCU→高压电池。

电机动力流向为:高压电池→PCU→电机→电机轴→副轴→主减速器驱动齿轮→主减速器从动齿轮。

⑤ ECVT(电机/发电机)-发动机驱动模式运行状态如图8-32所示。

图8-32显示仅发动机运行期间,流经变速箱用于前进挡的动力。

动力流向为:发动机→飞轮→输入轴→超越离合器→超越齿轮→副轴→主减速器驱动齿轮→主减速器从动齿轮。

⑥ ECVT(电机/发电机)-倒挡运行状态如图8-33所示。

图8-33显示当高压电池电力充足时,流经变速箱用于倒挡的动力与前进挡相同。通过使电机反向运行,启用倒挡操作。

动力流向为:电机→电机轴→副轴→主减速器驱动齿轮→主减速器从动齿轮。

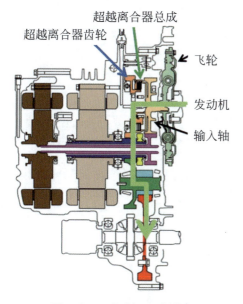

图8-32 发动机驱动模式

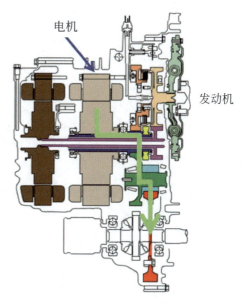

图8-33 倒挡运行模式

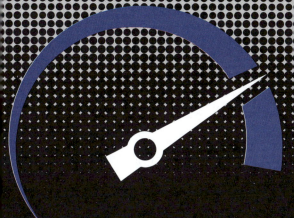

第9章 电驱动控制系统

9.1 驱动类型控制

9.2 能量转换控制

9.1 驱动类型控制

9.1.1 奥迪 e-tron 模式

奥迪e-tron模式可以通过电驱动按钮E656选中。第一次按压按钮时，在MMI显示屏中打开一个弹出式菜单，其中显示了当前的行驶模式。可以利用旋转按压式开关选中所显示的e-tron模式，或者继续按压电驱动按钮激活其他行驶模式。

当EV（电动行驶）模式激活时，除了按钮中的绿色LED亮起外，组合仪表中的EV符号也呈绿色亮起，位置如图9-1所示。

图9-1 组合仪表中的按钮图标

在EV模式下，汽车纯电动行驶。发动机被关闭，分离离合器分离，通过电动机实现驱动。

汽车行驶中无排放，混合高压电池通过电动机和12V车载电网放电。该模式适合于市区行驶和部分的长途行驶。当行驶准备就绪时，默认激活e-tron模式，如图9-2所示。

图9-2 EV（电动行驶）就绪状态

运行前提：12V汽车电池和混合高压电池的温度未低于约–10℃；混合高压电池完全充满。

在行驶模式下应满足以下前提条件：车速不高于约130km/h，无法强制降挡；未挂入行驶挡S。

在模式Hybrid下，会根据行驶状况由发动机和电动机共同驱动汽车，如图9-3所示。前提是混合高压电池的电量足够。

混合动力管理系统判断何时利用发动机或电动机行驶，或由两个驱动机构共同驱动行驶。混合高压电池电量降低，有助于减少CO_2排放。该模式适用于乡村公路和高速公路行驶。当在激活路径引导有预告性的路径数据可用时，则会自动激活Hybrid。

图9-3　Hybrid模式下的驱动状态（使用电池电量）

在Battery Hold（保持电池电量）模式下，汽车主要依靠发动机行驶。但是也可以由电动机提供支持，也可以使用超加速功能。

分离离合器接合，电机交替用作电动机或发电机。在这一模式下，电池持续充电供随后使用。

将选挡杆挂入S或tiptronic模式时，奥迪Q7 e-tron quattro会展现其运动的一面。发动机持续运转，并得到电动机的辅助。驾驶员随时可以调用全部的驱动功率，混合高压电池同时也在持续补充充电。增大的滑行转矩可提高能量回收并带来动感驾驶体验。

混合动力管理系统根据油门踏板和制动踏板的位置、混合高压电池的电量、车速及行驶稳定性标准来控制能量回收。减少给油时，电驱动机构进入滑行能量回收状态，如图9-4所示。

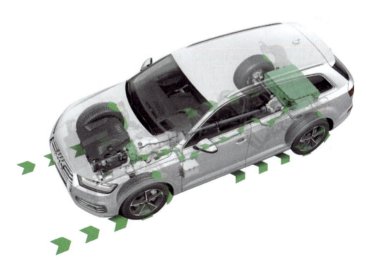

图9-4　制动能量回收

驾驶员完全松开油门踏板时，汽车开始滑行，如图9-5所示。如果驾驶员这时踩下制动器，制动力会分为能量回收和液压制动力两部分。

奥迪驾驶选择设置为dynamic（动态）且选择了tiptronic模式并挂行驶挡S时，滑行能量回收相对较高，这时汽车不滑行。

图9-5　滑行状态

在导航系统中激活路径引导时，混合动力管理系统会自动选中e-tron模式Hybrid（使用电池电量）。

通过有关行驶路段、道路类型、车速限制和交通状况的信息，混合动力管理系统在行驶过程中控制不同的e-tron模式。其中在人口密集地区优先以电动方式行驶。

到达目的地时混合高压电池的电量耗尽，随后可将混合高压电池的电量重新充满。通过有针对性地使用混合高压电池电量，提高了汽车效率。驾驶员可随时操作电驱动机构按钮改变e-tron模式。

9.1.2　宝马电动四驱

宝马的数字式发动机电子系统DME根据加速踏板位置和相应车速计算出所需驱动力矩。在此始终根据情况以可变方式将驱动力矩分配给相应车桥，加速踏板角度较小时使用电动驱动装置起步（在运动模式下除外）。通过加速踏板要求较高驱动力矩时发动机就会接通并提供驱动力。发动机接通时由前桥负责驱动，这是出于牵引原因或助推功能要求。

通过前部和后部变速箱将驱动力矩平均分配给车辆两侧，如图9-6所示。

通过车桥混合动力系统进行智能型力矩分配也可产生典型的四轮驱动特性。在前桥和后桥之间进行最高100%的可变力矩分配可对自转向特性和行驶动力性产生积极影响。车桥混合动力可实现中性和安全的行驶特性，直至达到极限范围。开始出现不稳定状态例如存在不足转向趋势时，也会在前桥和后桥之间进行驱动力矩的分配，从而防止前桥打滑，如图9-7所示。为此需要减小前桥驱动力矩并提高后桥驱动力矩。

以快速转弯行驶为例，入弯时还通过助推功能驱动前桥。这样即使在转弯过程中也可获得最佳牵引力，从而更迅速地从弯道中加速驶出。

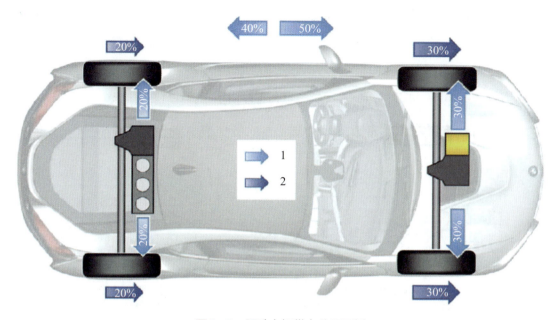

图9-6　驱动力矩纵向分配示例

1—DME分配的驱动力矩；2—车轮上可供使用的驱动力矩

如果行驶稳定性达到极限，就会自动进行DSC干预。但DSC干预次数明显减少，因此可以感觉到行驶舒适性得到明显改善。

DSC不仅在行驶动力极限范围内发挥作用，而且可以随时向DME提供最大可传输转矩。无论是在加速过程中还是回收利用能量时，该转矩数据在DME内进行处理并始终用于驱动力矩分配。例如可始终根据行驶情况对前部电机的助推或能量回收利用功率进行调节，必要时可降低功率。反之，也可有针对性地使用回收利用能量时产生的负力矩来进行行驶稳定性干预。通过这种方式，不同的驱动系统始终可针对共同目标进行工作并彼此互补。

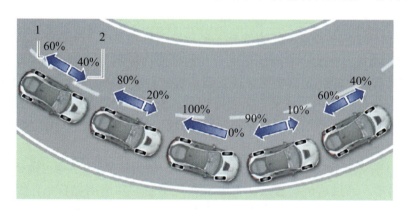

图9-7　出现不足转向时驱动力矩纵向分配示例

1—后桥的驱动力矩；2—前桥的驱动力矩

强制降挡是一项比较特殊的驱动控制功能。强制降挡表示启用所有驱动源来实现最大驱动力。其中包括：发动机、电机、高压启动发电机。

在宝马i8上使用前部电机和高压启动发电机来为发动机提供支持，该功能称为助推功能，如图9-8所示。该过程与以前混合动力车辆的不同之处在于可独立地针对各车桥为发动机提供支持。

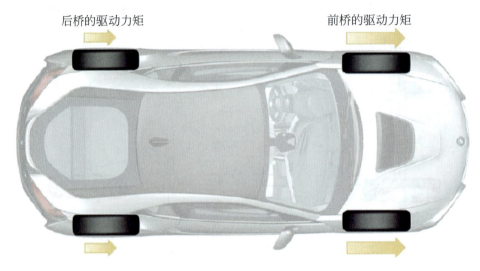

图9-8　助推功能

可在舒适、ECO PRO以及运动模式下为发动机及后桥提供支持。在舒适和ECO PRO模式下，仅在发动机低转速范围内通过高压启动发电机提供支持（通过加速踏板提出相应力矩要求时），强制降挡时除外。在此情况下，在整个转速范围内提供高压启动发电机的最大功率（过增压）。为了能在运动模式下调用车辆的最大系统功率，在此驾驶模式下从一开始便提供高压启动发电机的最大功率。

额外加速的程度主要取决于以下因素：高压电池的充电状态（SOC）、所选驾驶模式、相关部件的温度、车轮与路面之间的可传递力矩、车速。如果高压电池充电状态过低，无论选择何种驾驶模式都会线性降低助推功率。

提高负荷点指的是在转速不变的情况下提高发动机的负荷。这样可以提高功率并在最佳范围内驱动发动机。在此会平衡反作用于发动机的相应阻力，从而一方面提高发动机的负荷，另一方面保持转速恒定。例如接通空调系统或后窗玻璃加热装置。由DME通过控制节气门输送更多新鲜空气的方式来平衡额外阻力。此外还会提高喷射的燃油量。发动机的负荷提高并处于更理想的范围（就效率和耗油量而言）。但这种调节非常精确，不会提高转速，只平衡出现的阻力。

宝马i8通过前桥和后桥进行制动能量回收利用，如图9-9所示。通过前桥电机可回收利用最高50kW功率。通过后桥高压启动发电机产生的制动功率明显较小。因此在采用预判型驾驶方式的情况下，制动盘和制动摩擦片承受的磨损较小。

在滑行模式下的能量回收利用方式与宝马混合动力车辆基本相同。如果数字式发动机电子系统DME识别出加速踏板角度为0°，就会要求电机电子装置EME和增程电机电子装置REME通过控制电机启动滑行能量回收利用。通过这种方式可产生电能并存储在高压电池内。

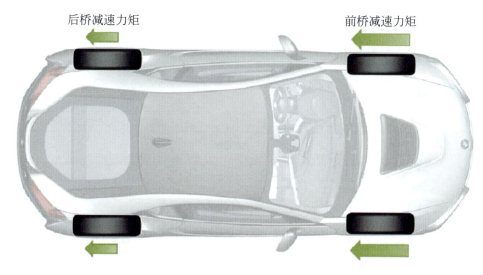

图9-9 能量回收利用

滑行能量回收的利用程度主要取决于具体驾驶模式以及高压电池的充电状态。在运动模式下产生的减速度最大，在舒适、ECO PRO和Max eDrive模式下产生的减速度较小（略微高于传统车辆的发动机制拖力矩）。

如果驾驶员要求高效制动并踩下制动踏板，DSC控制单元就会通过制动踏板角度传感器识别出所要求的减速程度并向DME发送相关信息。DME根据减速要求计算出针对电机和高压启动发电机的功率要求并要求EME和REME进行高效能量回收利用。

达到最大能量回收利用前不操作车轮制动器。只有减速要求进一步提高时才会额外使用行车制动器。由于紧急制动、高压系统或充满电的高压电池故障等未进行能量回收式制动时，仅由行车制动器来提供所需制动力。驾驶员不会通过制动踏板察觉到这一切换过程。

同时，DSC控制单元也会在能量回收利用期间持续监控行驶情况并在必要时进行干预。在能量回收利用期间出现不稳定的行驶情况前，DSC控制单元就会要求DME降低相应车桥上的负力矩。如果这样无法确保恢复稳定的行驶情况，就会完全调节能量回收利用并通过制动器进行DSC干预。

行驶和能量回收利用策略的主要目的是在整个行驶期间确保高压电池电量充足，如图9-10所示。在此情况下"充足"表示提供足够的电能用于电动驱动装置。只有这样才能在行驶期间确保车辆的最大系统功率。通过以下方式产生电能：能量回收利用（电机和高压启动发电机），提高发动机负荷点（高压启动发电机）。

行驶和能量回收利用策略的目的并非在行驶期间将高压电池的充电状态提高至100%。通过外部充电可将充电状态提高至100%。充电状态（SOC）较高时从高压电池输出能量，从而尽可能地保持电动行驶性能或完全以电动方式行驶。

充电状态降低时电动行驶性能也会降低，因此无论加速踏板位置或行驶速度如何都会频繁接通发动机来进行驱动并为高压电池充电。这样是为了保持充电状态。如果由于频繁使用助推功能等导致充电状态进一步降低，就会降低电动行驶速度（从60km/h降至50km/h）和电动驱动装置的加速度。在充电状态约为25%时根据驾驶方式进行减速。

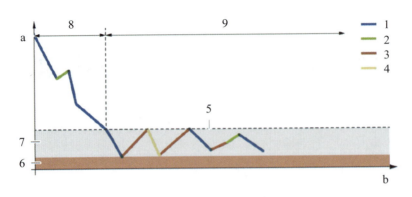

图9-10 能量回收利用策略示例

a—高压电池的充电状态；b—行驶里程；1—电动行驶；2—能量回收利用；3—发动机接通（通过高压启动发电机充电）；4—助推功能；5—保持充电状态的限值；6—取消电动行驶和助推功能的范围；7—保持充电状态的范围；8—从高压电池获取能量；9—行驶期间产生能量

即将达到临界值时就会线性取消电动行驶能量和助推功能。此外还会停用MSA（启停控制）功能，从而确保发动机在静止状态下也可为高压电池充电。

保持充电状态的最低限值取决于多个影响因素：启用运动模式、设置保持充电状态、启用导航系统的目的地引导功能。

与在运动模式下相同，在启用导航系统的目的地引导功能后主动为高压电池充电，从而为助推功能提供充足电能。因此将保持高压电池充电状态的限值设置得较高。

通过导航系统启用目的地引导功能时会对路线进行分析并根据地形调节运行策略，如图9-11所示。导航系统提供相关数据以支持计算驶过相应路段所需的功率。根据该功率预测功能或高压电池的充电状态决定使用发动机还是电动驱动装置来行驶相应路段，目的是提高用于目的地区域和城市环境的电能。运行策略会以预判方式对三种情况提前做出反应。

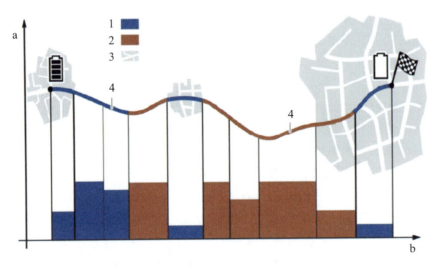

图9-11 启用目的地引导功能后的驾驶和能量回收利用策略示例

a—针对相应路段的功率预测；b—行驶里程；1—使用电动驱动装置；2—使用发动机；3—建筑区域；4—跨地区行驶

缓慢行驶区域：系统会尝试在缓慢行驶区域确保以电动方式行驶，为此可能会根据需要提前主动为高压电池充电。

下坡：高压电池充满电且前方出现下坡路段时会降低充电状态，以便下坡行驶时能够使用能量回收利用提供的全部电能。下坡前通过高压启动发电机为发动机提供支持的方式（助推功能）来降低充电状态。

目的地区域：系统会尝试在到达目的地前和到达目的地处确保以电动方式行驶，为此可能会根据需要提前主动为高压电池充电。

在行驶期间，CID的能量流示意图提示驾驶员较晚时提供存储电能。

9.2 能量转换控制

9.2.1 奥迪e-tron

奥迪e-tron电驱动控制单元（功率电子装置）的作用是为驱动电机提供所需的交流电流。每个电驱动装置上都安装有一个功率电子装置，前桥电驱动控制单元是J1234，后桥电驱动控制单元是J1235。

这两个控制单元的诊断地址是0051和00CE。功率电子装置是通过固定螺栓直接拧在电机上的，是三相供电连接。冷却液从功率电子装置经冷却液管接头流入电机。

来自高压电池的直流电在功率电子装置内部转化成交流电。具体说是利用6个半导体切换模块（每相2个）来实现这个转换的，每个模块各自切换正和负，内部电路如图9-12所示。

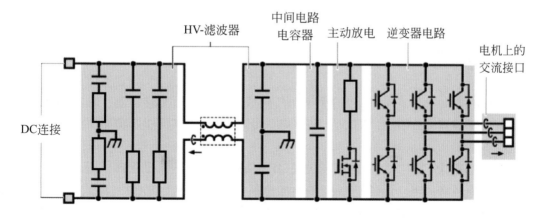

图9-12 功率电子装置内部电路

功率电子装置连接在前桥和后桥低温冷却循环管路上。这样能对功率电子装置内部的各部件起到良好的冷却作用。功率电子装置内部结构如图9-13所示。

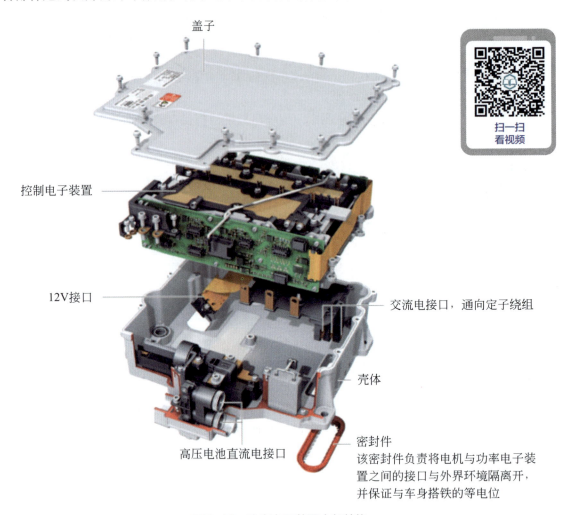

图9-13 功率电子装置内部结构

9.2.2 宝马i3

宝马i3的电机电子装置内部由4个子组件构成：双向DC/AC转换器、单向AC/DC转换器、DC/DC转换器和EME控制单元。功率电子电路也由中间电路电容器构成，用于平滑电压和过滤高频部分。

通过上述子组件执行以下功能：通过EME控制单元控制内部子组件；通过DC/DC转换器为12V车载网络供电；通过DC/AC转换器控制电机（转速、转矩）；高压电源管理；通过汇流排接通电机；接通高压电池；在静态运行模式下为高压电池充电；接通便捷充电子装置；接通电动制冷剂压缩机；接通电气加热装置；接通增程电机电子装置；与其他控制单元通信，特别是EDME；冷却电机电子装置；分析电动机械式驻车锁的传感器；控制电动机械式驻车锁；控制电动真空泵；中间电路电容器主动和被动放电到电压低于60V；针对高压触点监控主动分析信号（高压互锁）；自检和诊断功能。

从技术角度而言，电机电子装置内的DC/DC转换器能够启用以下运行模式：待机（即使组件出现故障或短路、供电电子装置关闭）、向下转换（下降模式）（能量流至低压侧，转换器调节低压侧的电压）、高压中间电路放电（互锁故障、事故、主控单元要求）。下降模式原理如图9-14所示。

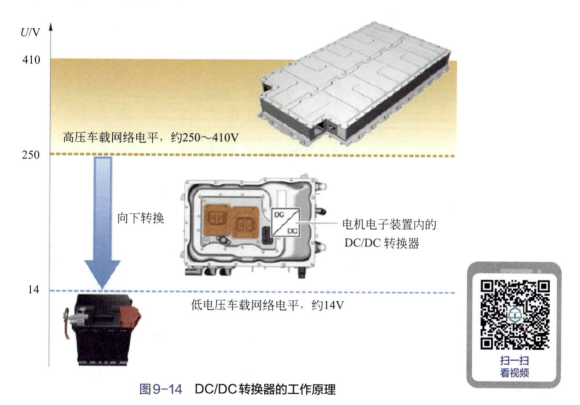

图9-14　DC/DC转换器的工作原理

电机电子装置未运行时，DC/DC转换器处于"待机"运行模式。因为总线端状态等而未向EME控制单元供电时就会出现这种情况。但出现故障时，EME控制单元也会要求DC/DC转换器执行"待机"运行模式。在此运行模式下两个车载网络间不会进行能量传输，并断开二者之间的导电连接。

运行模式"向下转换"又称为"下降模式"，是高压系统启用状态下的正常运行模式。DC/DC转换器将电能从高压车载网络传输到12V车载网络内，同时执行普通车辆上发电机的功能。为此，DC/DC转换器必须将来自高压车载网络的变化电压降至低压车载网络的电压。在此高压车载网络内的电压取决于高压电池的充电状态（约260～390V）等。DC/DC转换器通过调节低压车载网络内的电压确保为12V电池提供最佳充电，同时根据电池的充电状态和温度调节约14V电压。为此，EME控制单元与EDME控制单元进行通信，由后者执行12V电源管理系统功能。由此产生DC/DC转换器应在低压车载网络内调节的电压规定值。DC/DC转换器的持续输出功率为2500W。

DC/DC转换器技术也能实现运行模式"向上转换"（助推模式），例如宝马

ActiveHybrid 7上的DC/DC转换器,但在宝马i3上无法使用这种运行模式。因此无法通过12V车载网络的能量为I01高压电池充电。(正常或快速)关闭高压系统时,采用上次的DC/DC转换器运行模式。关闭高压系统时,必须在规定时间内将电压放至没有危险的60V以下。为此DC/DC转换器带有一个中间电路电容器放电电路。该电路首先尝试将存储在中间电路电容器内的能量传输至低压车载网络。如果该能量不足以实现快速降低电压的目的,就会通过一个主动连接的电阻进行放电。通过这种方式使高压车载网络在5s内放电。出于安全考虑,还有一个始终并联连接的被动放电电阻。即使故障导致前两项放电措施无法正常进行,该电阻也能确保高压车载网络可靠放电,如图9-15所示。放电至60V电压以下所需时间较长,最长为120s。

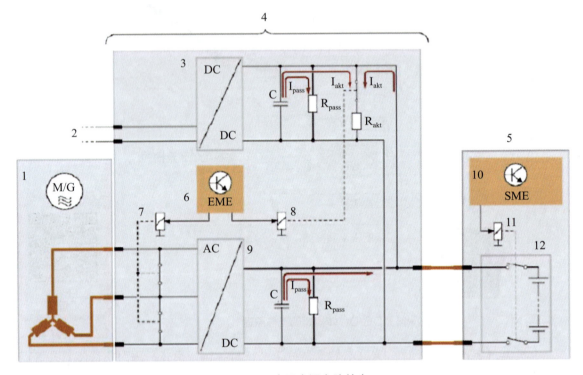

图9-15　高压中间电路放电

1—电机;2—12V车载网络接口;3—电机电子装置内的DC/DC转换器;4—电机电子装置(整体);5—高压电池单元;6—EME控制单元;7—电机绕组短路继电器;8—电容器主动放电继电器;9—电机电子装置内的双向DC/AC转换器;10—SME控制单元;11—高压电池单元内的电动机械式接触器;12—高压电池;C—中间电路电容器;R_{pass}—被动放电电阻;R_{akt}—主动放电电阻

DC/DC转换器的温度由一个温度传感器测量并通过EME控制单元监控。如果在冷却液冷却的情况下温度仍超出允许范围,EME控制单元就会降低DC/DC转换器功率以保护组件。

用于控制电机的供电电子装置主要由双向DC/AC转换器构成,如图9-16所示。这是一种脉冲变流器,带有一个两芯直流电压接口和一个三相交流电压接口。该DC/AC转换器可作为逆变器工作,将电能从高压电池传输至电机。它也可以作为整流器工作,将电能从电机传输至高压电池。进行制动能量回收利用时采用这种运行模式,此时电机作为发电机工作并"产生"电能。

第9章 电驱动控制系统

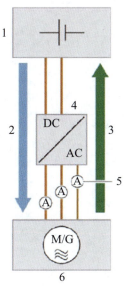

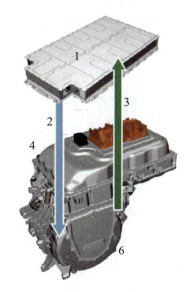

（a）示意图　　　　　　　　　（b）带有组件的图示

图9-16　双向DC/AC转换器的运行模式

1—高压电池；2—逆变器运行模式，电机作为电动机工作；3—整流器运行模式，电机作为发电机工作；4—DC/AC转换器；5—电流传感器；6—电机

　　DC/AC转换器的运行模式由EME控制单元决定。为此，EME控制单元从EDME控制单元接收主要输入参数——电机提供的转矩规定值（数量和符号）。EME控制单元根据该规定值和当前电机运行状态（转速和转矩）确定DC/AC转换器的运行模式以及电机电压的振幅和频率。根据这些规定值以脉冲方式控制DC/AC转换器的功率半导体。

　　除DC/AC转换器外，供电电子装置还包括DC/AC转换器交流电压侧所有三相内的电流传感器。EME控制单元通过电流传感器信号监控供电电子装置和电机内的电功率以及电机产生的转矩。通过电流传感器信号以及电机内转子位置传感器信号还能接通电机电子装置控制电路。

　　电机电子装置和电机的功率数据在研发过程中进行了相互匹配。因此电机电子装置能够持续提供75kW电功率并短时提供125kW最大功率。为了防止供电电子装置过载，在DC/AC转换器上还有一个温度传感器。如果根据该传感器信号识别出功率半导体温度过高，EME控制单元就会降低输出至电机的功率，以保护供电电子装置。如果功率降低程度能够让客户明显感觉到，就会通过一条检查控制信息提示客户。如果电机温度超出允许范围，客户也会获得相同的故障响应（降低功率）和相同的检查控制信息。

第10章 电动汽车整车电控系统

EV BATTERY MOTOR AND ELECTRIC CONTROL

10.1 整车控制系统组成与功能
10.2 制动能量回收系统
10.3 车载通信网络

10.1 整车控制系统组成与功能

10.1.1 车辆控制器（VCU）

以广汽传祺 GA3S 车型为例，整车控制器作为电动汽车的核心部件，负责实现整车控制策略，协调各子系统工作，是电动汽车的控制中枢。整车控制器原理如图 10-1 所示。

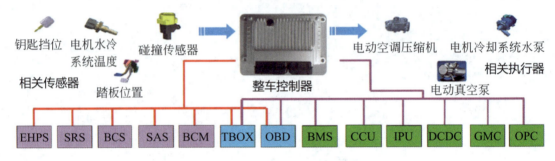

图 10-1　整车控制器系统原理

整车控制器关联部件功能描述见表 10-1。

表 10-1　整车控制器关联部件功能

零件名称	缩写	功能	零件名称	缩写	功能
电子控制动力转向系统	EHPS	控制电磁阀的开度，从而满足高、低速时的转向助力要求	电池管理单元	BMS	检测高压电池状态，控制高压电池输入/输出
安全气囊	SRS	被动安全性保护系统，与座椅安全带配合使用，为乘员提供防撞保护	整车控制器	VCU（HCU）	接收整车高压/低压附件信号，对整车进行控制
车身控制系统	BCS	控制 ABS/ESP	耦合控制单元	CCU	检查 GMC 油压/油温，通过控制电磁阀实现离合器吸合/断开
半主动悬架	SAS	通过传感器感知路面状况和车身姿态，改善汽车行驶平顺性和稳定性的一种可控式悬架系统	集成电机控制器	IPU	控制驱动电机和发电机
车身控制模块	BCM	设计功能强大的控制模块，实现离散的控制功能，对众多用电器进行控制	直流直流转换器	DC/DC	将高压电池内高压直流电转化为 12V，供低压用电器使用

续表

零件名称	缩写	功能	零件名称	缩写	功能
远程监控系统	TBOX	行车时实时上传整车信号至服务器，对车辆进行实时动态监控	机电耦合系统	GMC	内置TM、ISG、差减速器，实现整车动力输出
车载诊断系统	OBD	诊断整车故障状态	低压油泵控制器	OPC	辅助控制GMC内部冷却油流动

10.1.2 混动控制器（HCU）

以丰田混合动力控制系统THS（Toyota Hybrid System）为例。THS的核心是由行星齿轮机构组成的动力合成器（PSD-Power Split Device）（或称为动力分配器），用于协调发动机、发电机和电动机的运行和动力传递。

THS系统具有如表10-2所述的各项控制功能。

表10-2 丰田混动控制系统功能

项目	概要
怠速停止	自动停止发动机的怠速运转（怠速停止）以减少能量损失
EV行驶（高效行驶控制）	发动机效率低时，仅使用电机即可驾驶车辆。此外，发动机效率高时可发电。进行此控制的目的是使车辆的总效率达到最高
EV行驶模式	如果驾驶员操作开关且满足工作条件，车辆即可仅依靠电机行驶
电机辅助	加速时，电机补充发动机动力
再生制动（能量再生）	减速期间和踩下制动踏板时，收集以往以热量形式损失的部分能量，生成电能重新使用，如用作电机动力

THS-II主要由发动机、混合动力车辆传动桥总成、带转换器的逆变器总成和HV电池组成，采用混联式混合动力系统，总成部件见图10-2。

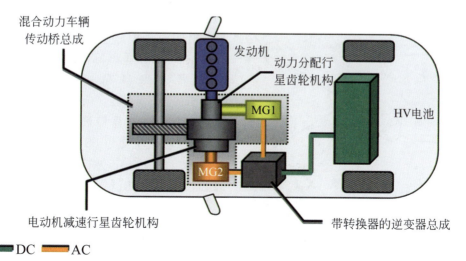

图10-2 THS-II系统部件组成

以雷克萨斯CT200H车型为例，该车混合动力系统部件如图10-3所示。

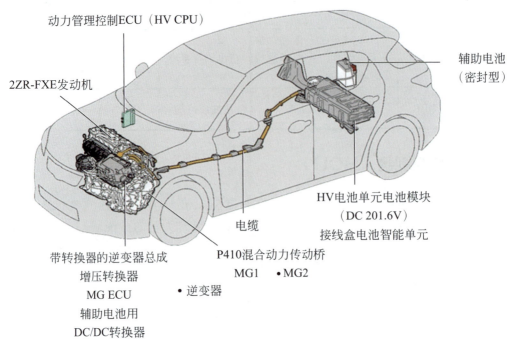

图10-3　雷克萨斯CT200H混合动力系统部件

10.1.3　车身控制器（BCM）

以荣威Ei5电动汽车为例，BCM位于A柱左前侧围板处，如图10-4所示。

BCM包括低功率模式的微处理器、电可擦除只读存储器（EEPROM）、CAN、LIN收发机和电源。BCM具有离散的输入和输出端子，控制车身大部分功能。它通过高速CAN总线与其他主要电气系统交互作用，通过LIN总线与次要的电气系统交互作用。BCM的电源模式主控模块（PMM）功能，为大部分车辆电气部件供电。

通过车身高速CAN总线，BCM与HVAC（空调系统）和PEPS（无钥匙进入和启动系统）直接通信。使用LIN总线，车身控制模块与PEPS（无钥匙进入和启动系统）、PWL（电动车窗）、DDSP（驾驶侧组合开关）、SR（天窗）（如有）、RLS（雨量灯光传感器）（如有）、Spare Coil（备用线圈）、PDC传感器直接通信。车身控制系统原理图如图10-5所示。

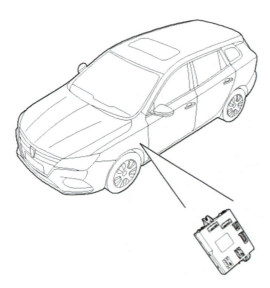

图10-4　BCM安装位置

第10章 电动汽车整车电控系统

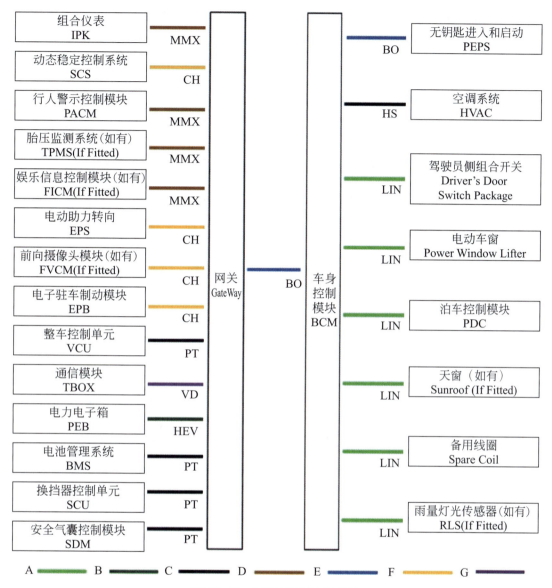

图10-5 车身控制系统原理图

A—LIN线；B—混动高速CAN线；C—动力高速CAN线；D—多媒体高速CAN线；E—车身高速CAN线；F—底盘高速CAN线；G—诊断高速CAN线

在点火开关打开后，BCM唤醒安全系统、照明系统和诊断系统。点火开关位于ACC位置时，BCM允许洗涤器/刮水器和电动车窗系统运行。当点火开关位于ON位置时，BCM通过CAN、LIN总线与其他ECU进行联络和信息传递。

BCM通过配置可对部分电器的负载进行管理，保证车辆在仓储、运输或一段时间未使用的情况下，减少对电池中电能的消耗。

生产模式为车辆在进行装配过程中对BCM配置的模式。

在车辆完成装配后，对BCM进行编程，以便在运输过程中使用运输模式。从而防止车辆在出厂、交付给当地授权售后服务中心时，出现电池严重亏电的情况。运输模式会对某些电器功能有限制，如：除非车辆进入READY状态，否则后雾灯、远光灯、近光灯、倒车灯、转向指示灯、日间行车灯、危险警告灯背光照明（危险警告灯功能不受影响）不工作，"伴我回家"和"寻车指示"功能无法实现，当车辆未进入READY状态，可以进行车窗上升操作，下降功能禁止。

通过售后诊断工具，当地授权售后服务中心可将车辆负载管理配置从运输模式变为正常模式。

正常模式为默认设置，完成PDI（汽车售前检查）后，车辆即可正常工作。

在点火开关关闭，CAN和LIN总线停用状态下，如果电池仍连接，BCM将一直保持睡眠待命状态，随时准备接收CAN和LIN总线信号。

在睡眠模式下，进行以下任一操作，BCM将被唤醒：收到危险警告灯开关、转向灯开关、激活信号，收到内部锁锁止信号，收到内部锁解锁信号，收到驾驶员侧车门开关、乘客侧车门激活信号，收到开关激活信号，点火开关至ACC位置、点火开关至ON位置，踩下制动踏板信号，收到LIN线上的唤醒信号、CAN线上的唤醒信号、本地硬线上的唤醒信号、有效的射频信号。

车辆启动瞬间，为满足启动电机启动时大电流的需要，需对某些电器载荷断电。如切断可加热的后风窗（HRW）、远光灯、倒车灯、喇叭、车内照明等的电源。车辆进入READY状态后，可重新单独激活各电器载荷以限制电池的电流消耗。

BCM监控所有信息的输入和输出，如果检测到故障，相应的故障代码将存储在故障记录中。BCM能检测到短路和开路，以及错误的CAN和LIN总线信号。检测到故障后，BCM将关闭相应功能。在故障消除后，相应功能将在下次功能请求时被激活。

诊断插座可以在BCM和售后诊断工具之间进行信息交换。诊断插座按照ISO标准制成，位于驾驶员腿部位置上的仪表板封闭面板内部。网关和TBOX之间有一根专用诊断总线，该诊断总线允许使用故障诊断仪读取诊断信息，并进行一定功能的编程。

10.2 制动能量回收系统

10.2.1 纯电动汽车制动能量回收

以宝马i3为例，与当前混合动力车辆不同，该车不使用制动踏板行程传感器。由于采用了特殊加速踏板操作方式，在松开加速踏板模块①时由电机电子装置EME③以发电机方式控制电机⑧。这意味着此时I01后桥车轮通过半轴⑪驱动电机⑧，电机此时作为发电机运行。此时产生的电机⑧转矩以可感知的减速方式作用于后桥车轮。在此过程中不必操作制动踏板⑥。所产生的能量通过EME③存储在高压电池单元④内。与当前混合动力车辆不同，这意味着不通过制动踏板⑥而是通过加速踏板模块①控制能量回收式制动Ⓒ。通过制动踏板只能进行液压制动Ⓐ。

由数字式发动机电气电子系统EDME控制单元②要求和调节能量回收式制动Ⓒ。如果行驶期间完全松开加速踏板模块①，EDME②就会根据行驶状态进行最大能量回收利用。进行最大能量回收利用时以$1.6m/s^2$进行车辆减速。通过PT-CAN2将要求发送至EME③。EME③根据EDME②要求控制电机⑧。

EDME②带有一个连接FlexRay数据总线的独立接口⑤。动态稳定控制系统DSC⑦位于该总线系统内。DSC⑦的任务是识别出不稳定的车辆状态并采取相应措施使车辆准确保持行驶轨迹。在能量回收利用期间识别出不稳定的行驶情况时，DSC⑦会通过独立接口⑤发送有关即将出现危险行驶状态的信息。EDME②确定与危险行驶状态相符的最大能量回收利用并向EME③发送要求。EME③根据要求减少能量回收利用，从而降低减速度。这种调节方式称为发动机制拖力矩控制MSR。

在操作制动踏板时，可像传统制动系统一样在双回路制动系统的液压系统内产生压力。在此通过电机进行能量回收利用或通过操作车轮制动器实现车辆整个制动过程。图10-6为制动能量回收利用系统概览。

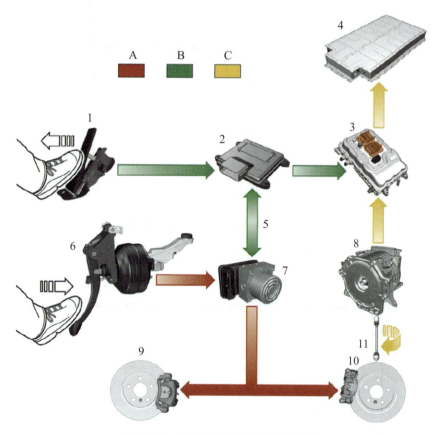

图10-6　制动能量回收利用系统概览

A—液压制动；B—信号流；C—能量回收式制动；1—加速踏板模块；2—数字式发动机电气电子系统EDME；3—电机电子装置EME；4—高压电池单元；5—EDME与DSC之间的独立接口；6—带制动装置的制动踏板；7—动态稳定控制系统DSC；8—电机；9—前部车轮制动器；10—后部车轮制动器；11—半轴

10.2.2 混动汽车制动能量回收

以本田雅阁混合动力汽车为例，电动伺服制动用于在减速期间确保能量高效再生。其部件包括一个踏板感觉模拟器和一个串联式电机气缸，如图10-7所示。

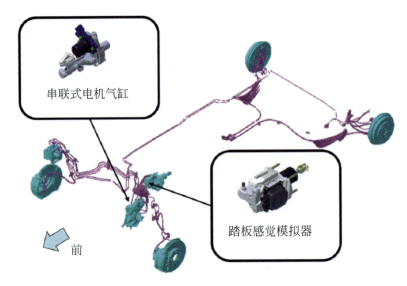

图10-7　本田雅阁混动汽车制动系统

当制动开始时，电动伺服会减少通过制动系统产生的制动转矩，并增加通过电机再生产生的制动转矩，从而再生能量，制动特性曲线如图10-8所示。当车速下降时，通过制动系统产生的制动转矩增加，且通过电机再生产生的制动转矩减少，使总的制动转矩保持不变。理论上，制动片的使用寿命将延长。

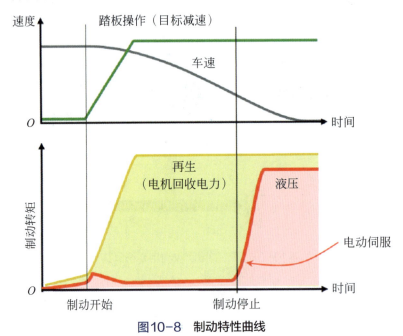

图10-8　制动特性曲线

图10-9为组成电动伺服制动系统的部件。

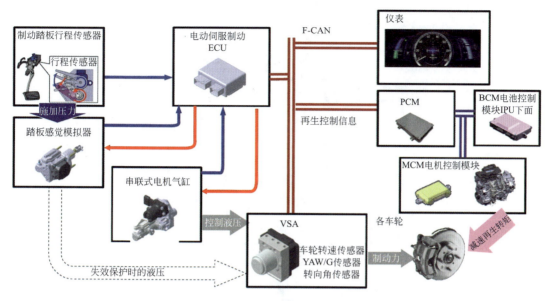

图10-9　电动伺服制动系统组成部件

电动伺服制动运行–未踩下制动踏板时,如图10-10所示。当在某个操作状态下(且电源开关开启)未踩下制动踏板时,VSA的总泵切断阀(MCV)打开且踏板力模拟器侧的阀打开。

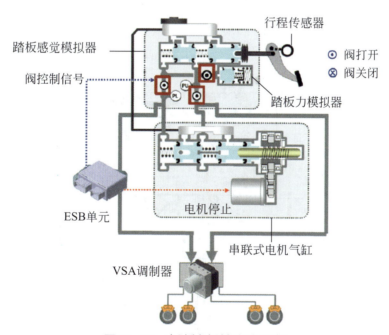

图10-10　未踏制动踏板运行原理

电动伺服制动运行–正常运行,如图10-11、图10-12所示。正常运行期间,MCV关闭而踏板力模拟器阀(PFSV)打开。因此,踩下制动踏板所产生的制动机油压力不会传输到VSA。踏板力模拟器会产生踩下制动踏板的虚拟感觉。VSA作动时，同样有踏板反弹的感觉。

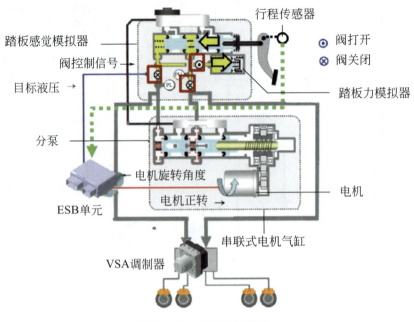

图10-11　正常运行过程一

旋转串联式电机气缸中电机的转矩通过齿轮箱转换为分泵中活塞的推力，从而对VSA调制器产生液压。产生的液压根据行程传感器的信号以ESB单元进行计算，并通过串联式电机气缸中电机的旋转角度控制。

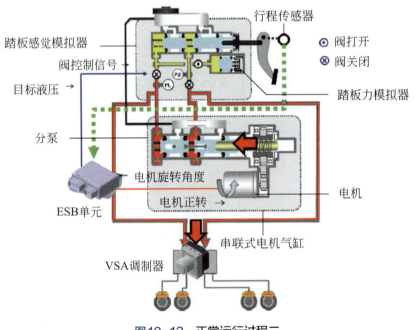

图10-12　正常运行过程二

电动伺服制动运行-再生联合控制，如图10-13所示。再生联合控制期间，MCV关闭而PFSV打开。ESB单元根据潜在再生信息驱动串联式电机气缸中的电机，以降低VSA侧的液压，同时电机所产生的再生能量增加。

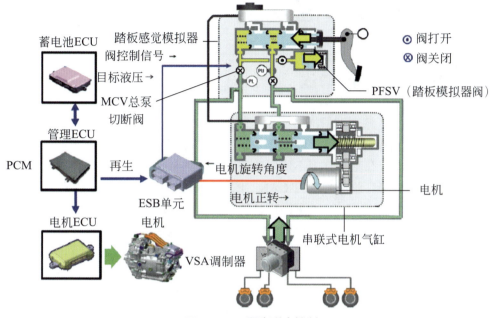

图10-13　再生联合控制

电机伺服制动运行–失效保护期间，如图10-14所示。失效保护期间，总泵切断阀（MCV）打开而PFSV关闭。踩下制动踏板所产生制动机油压力操作制动钳和鼓式制动器以产生制动力。

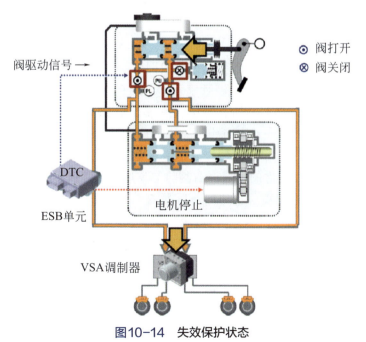

图10-14　失效保护状态

10.3 车载通信网络

10.3.1 纯电动车型网络总线

以宝马 i3 为例，该车数据通信网络连接系统如图 10-15 所示。

宝马 i3 使用的 K-CAN 总线有：K-CAN2、K-CAN3、K-CAN4。所有 K-CAN 总线的数据传输率均为 500kbit/s。在宝马 i3 上不使用数据传输率为 100kbit/s 的 K-CAN。

宝马 i3 使用的 PT-CAN 总线有：PT-CAN、PT-CAN2。用于 PT-CAN2 的网关位于数字式发动机电气电子系统 EDME 内。两个 PT-CAN 的数据传输率均为 500kbit/s。

用于车辆诊断的 D-CAN 数据传输率为 500kbit/s。使用 OBD2 接口通过 D-CAN 可进行车辆诊断。用于车辆编程的以太网访问接口同样位于 OBD2 接口内。

在宝马 i3 上根据相应配置提供的局域 CAN 总线有：从选装配置系统 SAS 连至基于摄像机的驾驶员辅助系统 KAFAS 的局域 CAN，从充电接口模块 LIM 连至车辆充电接口的局域 CAN。局域 CAN 总线的数据传输率均为 500kbit/s。

根据所需信息，LIN 总线使用不同数据传输率。在宝马 i3 上 LIN 总线的数据传输率为 9.6~20.0kbit/s。例如：车外后视镜，驾驶员车门开关组件为 9.6kbit/s；左侧前部车灯电子装置，右侧前部车灯电子装置为 19.2kbit/s；遥控信号接收器为 20.0kbit/s。

车身域控制器针对相应输入端的不同数据传输率进行设计。车身域控制器 BDC 执行以下功能：网关、禁启动防盗锁、总线端控制、舒适登车系统、中控锁、车窗升降器、照明装置、刮水和清洗装置、喇叭。

中央网关模块 ZGM 集成在 BDC 内。在车载网络结构 2020 中，ZGM 以模块形式集成在 BDC 内。它可以说是控制单元内的控制单元，因为 BDC 内 ZGM 的工作方式就像是一个独立的控制单元。ZGM 的任务是将所有主总线系统彼此连接起来。通过这种连接方式可综合利用各总线系统提供的信息。ZGM 能够将不同协议和速度转换到其他总线系统上。通过 ZGM 可经过以太网将有关控制单元的编程数据传输到车辆上。

BDC 是 LIN 总线上以下组件的网关：右侧前部车灯电子装置、左侧前部车灯电子装置、主动风门控制、左侧车外后视镜、右侧车外后视镜、驾驶员车门开关组件、数字式发动机电气电子系统、智能型电池传感器、风挡玻璃刮水器、晴雨传感器、自动防眩车内后视镜、车顶功能中心、遥控信号接收器、转向柱开关中心、车灯开关、智能型安全按钮、驾驶员侧座椅加热模块、前乘客侧座椅加热模块。

以下 LIN 组件连接到 BDC 上，但是仅形成环路：电气加热装置、电动制冷剂压缩机、自动恒温空调或手动恒温空调。宝马 i3 LIN 总线方框图如图 10-16 所示。

第10章 电动汽车整车电控系统

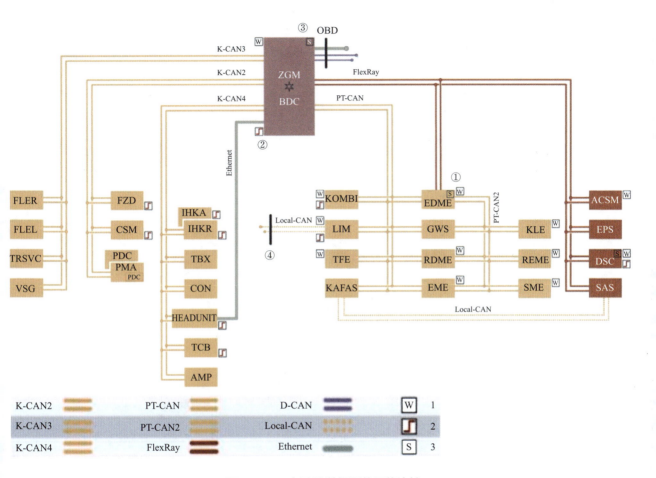

图10-15 宝马i3数据通信网络连接

ACSM—碰撞和安全模块；AMP—放大器；BDC—车身域控制器；CON—控制器；CSM—汽车共享模块；DSC—动态稳定控制系统；EDME—数字式发动机电气电子系统；EME—电机电子装置；EPS—电子助力转向系统；FLER—右侧前部车灯电子装置；FLEL—左侧前部车灯电子装置；FZD—车顶功能中心；GWS—选挡开关；HEADUNIT—主控单元；IHKA—自动恒温空调；IHKR—手动恒温空调；KAFAS—基于摄像机的驾驶员辅助系统；KLE—便捷充电电子装置；KOMBI—组合仪表；LIM—充电接口模块；PDC—驻车距离监控系统；PMA—驻车操作辅助系统；RDME—增程器数字式发动机电子系统；REME—增程电机电子装置；SAS—选装配置系统；SME—蓄能器管理电子装置；TFE—燃油箱功能电子系统；TBX—触控盒；TCB—远程通信系统盒；TRSVC—顶部后方侧视摄像机；VSG—车辆发声器；ZGM—中央网关模块；①—与总线端15WUP连接的控制单元；②—有唤醒权限的控制单元；③—用于FlexRay总线系统启动和同步的启动节点控制单元；④—车辆上的充电接口

EV BATTERY/MOTOR AND ELECTRIC CONTROL

电动汽车电池、电机与电动控制

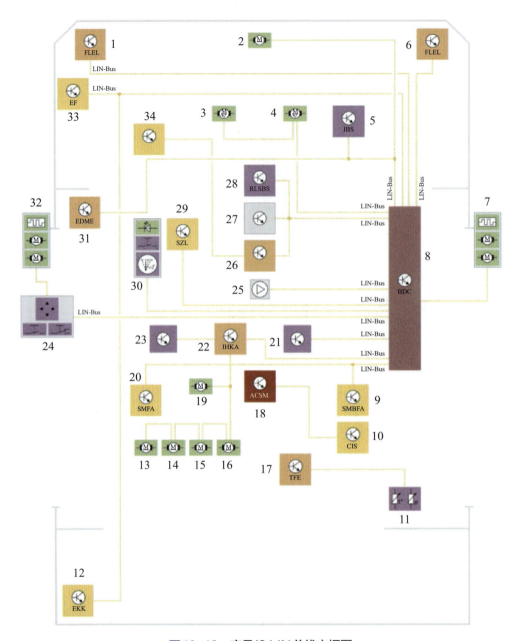

图10-16 宝马i3 LIN总线方框图

1—左侧前部车灯电子装置；2—电风扇；3—前乘客侧刮水器电机；4—驾驶员侧刮水器电机；5—智能型电池传感器；6—右侧前部车灯电子装置；7—右侧车外后视镜；8—车身域控制器；9—前乘客侧座椅模块；10—座椅占用识别垫；11—压力和温度传感器；12—电动制冷剂压缩机；13—脚部空间步进电机；14—空气混合风门步进电机；15—除霜步进电机；16—新鲜空气/循环空气风门步进电机；17—燃油箱功能电子系统；18—碰撞和安全模块；19—鼓风机功率输出级；20—驾驶员侧座椅模块；21—智能型安全按钮；22—自动恒温空调/手动恒温空调；23—暖风和空调操作面板以及收音机操作面板；24—驾驶员车门开关组件；25—遥控信号接收器；26—车顶功能中心；27—自动防眩车内后视镜；28—晴雨/光照/水雾传感器；29—转向柱开关中心；30—车灯开关操作单元；31—数字式发动机电气电子系统；32—左侧车外后视镜；33—电气加热装置；34—带有倾斜报警传感器的报警器

宝马i3各控制模块安装位置如图10-17所示。

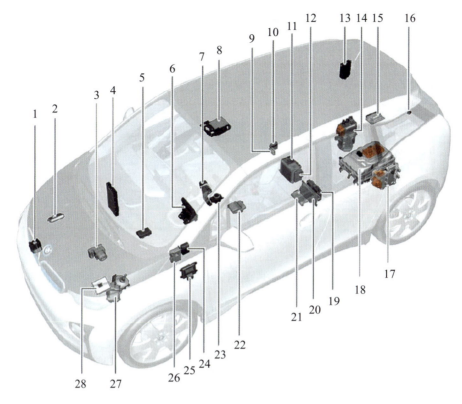

图10-17　宝马i3控制模块安装位置

1—车辆发声器VSG；2—右侧前部车灯电子装置FLER；3—动态稳定控制系统DSC；4—车身域控制器BDC；5—自动恒温空调IHKA或手动恒温空调IHKR；6—组合仪表KOMBI；7—选挡开关GWS；8—车顶功能中心FZD；9—触控盒TBX；10—驻车操作辅助系统PMA或驻车距离监控系统PDC；11—主控单元HEADUNIT；12—选装配置系统SAS；13—充电接口模块LIM；14—增程电机电子装置REME；15—增程器数字式发动机电子系统RDME；16—顶部后方侧视摄像机TRSVC；17—便捷充电电子装置KLE；18—电机电子装置EME；19—放大器AMP；20—远程通信系统盒TCB；21—蓄能器管理电子装置SME；22—碰撞和安全模块ACSM；23—控制器CON；24—燃油箱功能电子系统TFE；25—数字式发动机电气电子系统EDME；26—基于摄像机的驾驶员辅助系统KAFAS；27—电子助力转向系统EPS；28—左侧前部车灯电子装置FLEL

10.3.2　混动车型总线网络

以大众途锐混合动力车为例，当车辆处于不同的工作模式时，必须对不同车辆系统之间，大量不同的车辆信息进行搜集、评估和交换，以进行调控。除了我们了解的驱动系统、舒适系统和信息娱乐系统CAN数据总线网络之外，途锐还使用到了底盘CAN、扩展CAN、显示CAN以及混合动力CAN。

此外，还要处理来自MOST和LIN网络的信息。这些网络的公用接口就是数据总线诊断接口（网关）。总线网络组成如图10-18所示，总线名称及连接系统如表10-3所示。

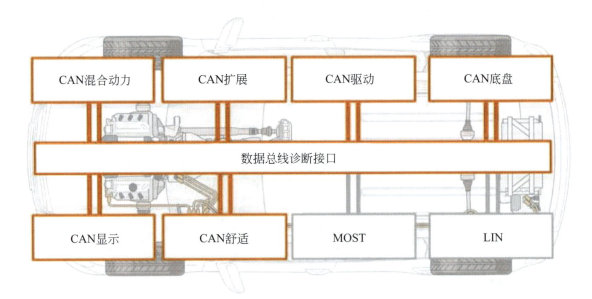

图10-18 数据总线网络连接

表10-3 总线名称及连接系统

总线名称	连接系统
CAN 驱动	发动机管理系统、变速箱管理系统、安全气囊系统等之间的通信
CAN 舒适	座椅记忆、牵引探测、防盗系统等之间的通信
CAN 底盘	ABS/ESP、避震器和车身高度调节、电子驻车、转向角传感器等之间的通信
CAN 扩展	空调压缩机、大灯照射范围控制、电子液压助力转向等之间的通信
CAN 显示	组合仪表、驻车辅助系统、空调控制等之间的通信
CAN 混合动力	发动机控制单元、芯轴作动器、电力电子设备、电机等之间的通信
MOST	收音机/导航系统、组合仪表、音响系统之间的通信
LIN	座椅占用识别系统、PTC调节、鼓风机调节等之间的通信

图10-19所示的网络总线系统示意图所显示的只是在电力驱动模式下所需要的部件和信号。实际上,在行驶模式中所涉及的车辆系统间,其他的输入和输出信号都会进行交换,例如暖风和空调系统、助力转向系统和制动系统的运行等。在电力驱动模式和发动机驱动模式互相切换时,车辆各系统间的协调是特别重要的,协调得好,驱动转矩上的变化才不会对驾驶的舒适性产生不良影响。这意味着发动机管理系统、变速箱管理系统和混合动力调节系统互相之间特别需要精确地配合。在电力驱动模式和发动机驱动模式之间进行切换时,在发动机控制单元和电力电子装置之间也在切换着优先权。在发动机驱动模式下,发动机控制单元是主导控制单元。在电力驱动模式下,电力电子装置取代了发动机控制单元的优先控制权。

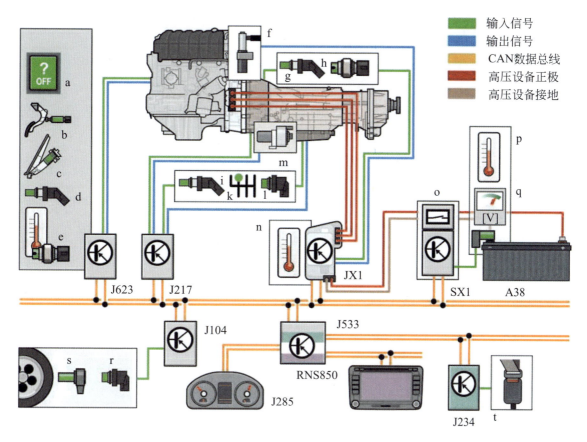

图10-19 网络总线系统示意图

a—电力驱动模式开/关；b—制动信号；c—电子油门信号；d—发动机转速；e—发动机温度；f—离合器动作发动机/电机；g—电机转速；h—电机温度；i—变速箱转速；k—挡位识别；l—变速箱液压系统温度；m—离合器液压泵，变速箱液压压力，换挡动作；n—电力电子装置温度；o—高压线路监控；p—电池温度；q—电压监控；r—制动系统液压压力，制动压力；s—轮速探测；t—安全带识别；A38—高压电池；J623—发动机控制单元；J217—自动变速箱控制单元；JX1—用于电力驱动的电力和控制电子装置；SX1—接线盒和配电箱（电气箱）；J104—ABS控制单元；J285—组合仪表控制单元；J533—数据总线诊断接口；J234—安全气囊控制单元；RNS850—收音机导航系统